近代经济生活系列

商会史话

A Brief History of Chamber of Commerce in China

虞和平 / 著

社会科学文献出版社
SOCIAL SCIENCES ACADEMIC PRESS (CHINA)

图书在版编目（CIP）数据

商会史话/虞和平著．—北京：社会科学文献出版社，2011.5
（中国史话）
ISBN 978-7-5097-1610-6

Ⅰ.①商… Ⅱ.①虞… Ⅲ.①商会-商业史-史料-中国-近代 Ⅳ.①F729.5

中国版本图书馆 CIP 数据核字（2011）第 075985 号

"十二五"国家重点出版规划项目

中国史话·近代经济生活系列

商会史话

著　者/虞和平

出 版 人/谢寿光
总 编 辑/邹东涛
出 版 者/社会科学文献出版社
地　　址/北京市西城区北三环中路甲 29 号院 3 号楼华龙大厦
邮政编码/100029

责任部门/人文科学图书事业部　（010）59367215
电子信箱/renwen@ssap.cn
责任编辑/王学英　邵长勇
责任校对/林　娜
责任印制/郭　妍　岳　阳
总 经 销/社会科学文献出版社发行部
　　　　　（010）59367081　59367089
读者服务/读者服务中心（010）59367028

印　　装/北京画中画印刷有限公司
开　　本/889mm×1194mm　1/32　印张/5.75
版　　次/2011 年 5 月第 1 版　字数/106 千字
印　　次/2011 年 5 月第 1 次印刷
书　　号/ISBN 978-7-5097-1610-6
定　　价/15.00 元

本书如有破损、缺页、装订错误，请与本社读者服务中心联系更换
▲ 版权所有　翻印必究

《中国史话》编辑委员会

主　　任　陈奎元

副 主 任　武　寅

委　　员　(以姓氏笔画为序)
　　　　　卜宪群　王　巍　步　平
　　　　　刘庆柱　张顺洪　张海鹏
　　　　　陈祖武　陈高华　林甘泉
　　　　　耿云志　廖学盛

总 序

中国是一个有着悠久文化历史的古老国度,从传说中的三皇五帝到中华人民共和国的建立,生活在这片土地上的人们从来都没有停止过探寻、创造的脚步。长沙马王堆出土的轻若烟雾、薄如蝉翼的素纱衣向世人昭示着古人在丝绸纺织、制作方面所达到的高度;敦煌莫高窟近五百个洞窟中的两千多尊彩塑雕像和大量的彩绘壁画又向世人显示了古人在雕塑和绘画方面所取得的成绩;还有青铜器、唐三彩、园林建筑、宫殿建筑,以及书法、诗歌、茶道、中医等物质与非物质文化遗产,它们无不向世人展示了中华五千年文化的灿烂与辉煌,展示了中国这一古老国度的魅力与绚烂。这是一份宝贵的遗产,值得我们每一位炎黄子孙珍视。

历史不会永远眷顾任何一个民族或一个国家,当世界进入近代之时,曾经一千多年雄踞世界发展高峰的古老中国,从巅峰跌落。1840年鸦片战争的炮声打破了清帝国"天朝上国"的迷梦,从此中国沦为被列强宰割的羔羊。一个个不平等条约的签订,不仅使中国大量的白银外流，更使中国的领土一步步被列强侵占，国库亏空，民不聊生。东方古国曾经拥有的辉煌，也随着西方列强坚船利炮的轰击而烟消云散，中国一步步堕入了半殖民地的深渊。不甘屈服的中国人民也由此开始了救国救民、富国图强的抗争之路。从洋务运动到维新变法，从太平天国到辛亥革命，从五四运动到中国共产党领导的新民主主义革命，中国人民屡败屡战，终于认识到了"只有社会主义才能救中国，只有社会主义才能发展中国"这一道理。中国共产党领导中国人民推倒三座大山，建立了新中国，从此饱受屈辱与蹂躏的中国人民站起来了。古老的中国焕发出新的生机与活力，摆脱了任人宰割与欺侮的历史，屹立于世界民族之林。每一位中华儿女应当了解中华民族数千年的文明史，也应当牢记鸦片战争以来一百多年民族屈辱的历史。

当我们步入全球化大潮的 21 世纪，信息技术革命迅猛发展，地区之间的交流壁垒被互联网之类的新兴交流工具所打破，世界的多元性展示在世人面前。世界上任何一个区域都不可避免地存在着两种以上文化的交汇与碰撞，但不可否认的是，近些年来，随着市场经济的大潮，西方文化扑面而来，有些人唯西方为时尚，把民族的传统丢在一边。大批年轻人甚至比西方人还热衷于圣诞节、情人节与洋快餐，对我国各民族的重大节日以及中国历史的基本知识却茫然无知，这是中华民族实现复兴大业中的重大忧患。

中国之所以为中国，中华民族之所以历数千年而不分离，根基就在于五千年来一脉相传的中华文明。如果丢弃了千百年来一脉相承的文化，任凭外来文化随意浸染，很难设想13亿中国人到哪里去寻找民族向心力和凝聚力。在推进社会主义现代化、实现民族复兴的伟大事业中，大力弘扬优秀的中华民族文化和民族精神，弘扬中华文化的爱国主义传统和民族自尊意识，在建设中国特色社会主义的进程中，构建具有中国特色的文化价值体系，光大中华民族的优秀传统文化是一件任重而道远的事业。

当前，我国进入了经济体制深刻变革、社会结构深刻变动、利益格局深刻调整、思想观念深刻变化的新的历史时期。面对新的历史任务和来自各方的新挑战，全党和全国人民都需要学习和把握社会主义核心价值体系，进一步形成全社会共同的理想信念和道德规范，打牢全党全国各族人民团结奋斗的思想道德基础，形成全民族奋发向上的精神力量，这是我们建设社会主义和谐社会的思想保证。中国社会科学院作为国家社会科学研究的机构，有责任为此作出贡献。我们在编写出版《中华文明史话》与《百年中国史话》的基础上，组织院内外各研究领域的专家，融合近年来的最新研究，编辑出版大型历史知识系列丛书——《中国史话》，其目的就在于为广大人民群众尤其是青少年提供一套较为完整、准确地介绍中国历史和传统文化的普及类系列丛书，从而使生活在信息时代的人们尤其是青少年能够了解自己祖先的历史，在东西南北文化的交流中由知己到知彼，善于取人之长补己之短，在中国与世界各国愈来愈深的文化交融中，保持自己的本色与特色，将中华民族自强不息、厚德载物的精神永远发扬下去。

《中国史话》系列丛书首批计 200 种，每种 10 万字左右，主要从政治、经济、文化、军事、哲学、艺术、科技、饮食、服饰、交通、建筑等各个方面介绍了从古至今数千年来中华文明发展和变迁的历史。这些历史不仅展现了中华五千年文化的辉煌，展现了先民的智慧与创造精神，而且展现了中国人民的不屈与抗争精神。我们衷心地希望这套普及历史知识的丛书对广大人民群众进一步了解中华民族的优秀文化传统，增强民族自尊心和自豪感发挥应有的作用，鼓舞广大人民群众特别是新一代的劳动者和建设者在建设中国特色社会主义的道路上不断阔步前进，为我们祖国美好的未来贡献更大的力量。

陈奎元

2011 年 4 月

⊙虞和平

作者小传

虞和平，浙江宁波人，1948年生。1976年北京大学历史系毕业，1988年底获华中师范大学历史学博士学位。现任中国社会科学院近代史研究所研究员、博导，宁波大学包玉刚讲座教授。主要研究方向为中国近现代社会经济史和中国现代化史，在国内外发表自撰学术著作和论文540余万字。所著论著获"国家社科基金项目优秀成果三等奖"、"第六届国家图书奖"、"第三届郭沫若中国历史学奖二等奖"、中国社会科学院"优秀成果奖"、"江苏省迎接党的十六大优秀出版物一等奖"、"纪念戊戌变法100周年全国征文大赛一等奖"。

目 录

引 言 ·· 1

一 在商战中诞生 ·· 3
  1. 商战风云 ·· 3
  2. 商会先声 ·· 7
  3. 第一个商会的诞生 ···································· 10
  4. 全国普及 ·· 13

二 新型的工商团体 ·· 18
  1. 跨越传统 ·· 18
  2. 商人的大家庭 ·· 22
  3. 完整的组织体系 ······································· 27
  4. 特定的职责和功能 ···································· 31

三 崭露头角 ·· 36
  1. 领导抵制美货运动 ···································· 36
  2. 维持金融市面 ·· 40
  3. 召开商法大会 ·· 45
  4. 开展商人外交 ·· 49

四 初登政治舞台 ························· 54
1. 插足立宪运动 ························· 54
2. 参加国会请愿 ························· 58
3. 卷入辛亥革命 ························· 66

五 全国商会大联合 ························· 70
1. 华商联合会的筹建 ····················· 70
2. 中华全国商会联合会的成立 ············· 74
3. 力争合法地位 ························· 79

六 为振兴实业张本 ························· 84
1. 参与经济法制建设 ····················· 84
2. 兴办实业教育 ························· 88
3. 宣传实业救国 ························· 93
4. 提倡国货 ····························· 97

七 参政要求 ······························ 103
1. 国会议席之争 ························ 103
2. 国是会议的蓝图 ······················ 107
3. 商人政府的尝试 ······················ 112

八 外争国权 ······························ 118
1. 抵制"二十一条" ····················· 118
2. 支持五四运动 ························ 123
3. 挽权利于华盛顿会议 ·················· 126
4. 参与关税自主运动 ···················· 131

九　走向世界 ……………………………… 135
1. 与美商的经济合作 …………………… 135
2. 访问美国 ……………………………… 139
3. 加入国际商会 ………………………… 143

十　御用末路 ……………………………… 147
1. 与蒋介石的短暂合作 ………………… 147
2. 取消与反取消之争 …………………… 150
3. 沦为国民党政府的御用工具 ………… 156

参考书目 ………………………………… 161

引 言

近年来，经常可以在新闻媒介上看到这样的报道：某某国家的商会代表团访问中国；中国某某商会成立；某某商会举行某某活动，等等。商会这一词汇日益增多地映入我们的眼帘；商会这一工商界的社团组织日渐登上中国经济建设的舞台。

商会在中国社会经济生活中的作用日显重要，也日益引起国家和社会的重视。中国共产党第十四届三中全会通过的《中共中央关于建立社会主义市场经济体制若干问题的决定》指出："培育和发展市场体系……发展市场中介组织，发挥其服务、沟通、公证、监督作用。发挥行业协会、商会等组织的作用。"对商会的市场中介作用和意义给予了充分的肯定。国务院《关于改革进出口商会工作的批复》中明确指出：进出口商会是"行使行业协调、为企业服务的自律性组织"，要发挥它的"协调、指导、咨询、服务的作用"。给商会的性质和功能作了基本的界定。现在，国家有关部门正在制定《商会法》，依法建设中国的商会已是为时不远的事情。与此同时，工商界建立商会的活动渐趋高涨。全国各级工商业联合会已先后改称商会；中国国际贸易促进委员会组建了中国国际商会，其下属各分会也称为中国国际商会某某分会；其他行业性的商会也陆续出现，如进出口商会、中国商业总商会、福建省乡镇企业总商会等。建设具有中国特色的商会，已成为完善社会主义市场经济体制的重要一环。

对当今的大多数中国人来说，商会是一个新的概念，是一种新的社会团体组织，商会是一种什么样的组织，有什么作用，一般不甚了解。但是，商会作为一种工商界的社团组织，它是商品经济发展的产物，在世界经济发达国家中早就有之。1599年法国马赛商人自发组建了世界上第一个商会，1665年德国汉堡商会诞生，18世纪中叶，英国、美国、加拿大的商会相继出现，1878年日本的东京、大阪、神户同时成立商会。18～19世纪是世界各国商会大发展时期，今天世界各国的商会就是那个时期商会的延续和发展。

在中国的近代史中也有着商会的记录。20世纪初，清政府迫于内忧外患推行新政，提出振兴工商政策，并为了消除官商之间的隔阂，鼓励工商界发展工商业，增强与外国资本竞争的力量，从1904年起动员工商界组建商会。在1904到1949年的45年中，中国的商会不仅在组织上迅速发展和完善起来，而且在近代中国的资本主义经济建设、资产阶级民主革命和民族独立运动中，做出了不懈的努力。中华人民共和国成立以后，随着经济体制的改变，旧有商会结束了它的历史使命，被工商业联合会取代。

商会作为中国近代民族工商业者的社团组织，回顾它的历史，不仅可以对今天的商会建设提供借鉴，而且可以从它的身上看到近代民族工商业者为争取民族富强和独立而努力奋斗的爱国精神。

一　在商战中诞生

商战风云

1840年，鸦片战争的炮火轰开了古老中国的大门，使独立的中国开始沦为西方资本主义列强的半殖民地。从此以后，列强在不断攫取中国利权的同时，源源不断地向中国倾销商品，使中国的民族工业及其产品受到日趋严重的打击，也引起了中国工商业者日益强烈的危机感和反侵略斗争，这种以经济上的侵略与反侵略为核心的中外商务之争——"商战"，在中国大地愈演愈烈。

1894年中日甲午战争和1900年的八国联军侵华战争以后，列强对华的军事和政治侵略的目的已基本达到，中国的门户已被完全打开，列强侵华的重点开始从军事和政治方面转向经济方面。从此，列强不仅进一步扩大对华商品倾销，而且取得了在中国通商口岸投资设厂的权利，使中外商战更趋激烈。从1895年到1905年的10年中，列强在中国开辟的通商口岸从34个增加到50个；各国商人在华设立的从事商业贸易的洋行，由603家激增至1693家；在华外国人数从10991人增加到38001人，中外贸易总值从31499万两增至67499万两；外资在华工厂数从10家增至74家，并夺取了在中国修筑铁路的权利；外国在华投资总额从近3亿美元增加到15亿美元（1902年数）。由此，形成了一个以侵华特权为依托，以通商口岸为基地，以外商洋行和外资工厂为堡垒，以外国商人为战斗部队，以输华商品和在华制造洋货为炮弹的强大的对华商战阵营。

来华的外国商人还在主要的通商口岸成立商会等团体，以集体的力量进行对中国的经济扩张。早在1834年8月，在广州的英国商人就成立了英商商会，1836年又进一步组成了包括在广州的全部外国商人企业在内的洋商总商会。在上海的各国商人于1847年成立了上海洋商总商会。在香港的60家洋商行号于1861年组成了香港洋商总商会。天津的各国外商亦在1887年组织了天津洋商总商会。这些洋商商会力图以商人的一致行动配合其本国政府的对华经济扩张，旨在保护和推进他们国家在华的商业利益。它们在各国商人中居有中心联络站或协调机构的地位，并可随时将其所征集到的有关各国商业利益的意见向中国政府和各国驻华使节们反映。据此，在华外商既可以联合一致地与中国政府和商界交涉商务，以维护和扩展他们的在华经济利益，又可以与各国驻华使节乃至各国政府互相密切配合，共同进行对华的经济和政治扩张。如果说列强驻华使节是其对华商战的最高指挥官，那么各洋商商会就是其对华商战的参谋部，它们一方面给各国驻华使节出谋划策，一方面组织各国商人开展对华商战。

列强官商密切配合，以商品和资本为武器，把他们的经济势力渗透到中国的各个经济领域，甚至控制了中国的经济命脉。遍及各通商口岸的外国洋行，不仅把外国商品源源不断地推向中国各地，而且垄断了中国的对外贸易，无论是洋货进口还是土货出口大都离不开洋行。外国资本已渗入到中国的金融、铁路、航运、矿冶、机械、纺织、食品等行业，乃至政府的财政，列强还强行夺取了中国的巨额赔款和关税主权，从而使中国的经济全面陷入濒临破产的境地。上海商务总会有一位名叫江义修的议董曾这样说：环视我国各通商口岸的华商，一个个僵如木偶，都在不知不觉之中被洋货潮涡卷入饿鬼道中，柴立待毙。

面对列强疯狂的经济扩张，中国的商人们开始认识到商战的重要性。著名的绅商兼维新思想家郑观应首先提出了"商战"的口号，他说：列强对中国的军事并吞，其祸害显而易见，商业侵占则使中国在不知不觉中衰败。我国的商务一日不兴，列强的贪婪阴谋也就一日不息，即使我国猛将如云，军舰林立，也对列强的侵略无可奈何。商战比兵战更复杂，更难对付，危害更深。所以一言以蔽之曰：讲究兵战不如讲究商战；要想阻止列强的侵略，以达到中国的自强，除振兴商务之外，别无他路。1901年上海出版的《选报》刊登了一篇题为《论自由权与商战之关系》的文章，也指出商战的重要性说：商战的胜败所带来的利害得失关系，比兵战更为重要，因为兵战不能取胜，还可以养精蓄锐，逐渐争取恢复；如果商战失败，那么民脂民膏枯竭，虽历数十年也不能恢复元气。外国人一旦掌握了我国的国计民生之权，就可以以此致我于死命，即使有志士仁人，也无能为力。当时，这种只有发展工商经济，才能真正抵制列强侵略，挽救国家危亡，达到民族自强的商战见解，日益成为广大绅商的共识。

在这种商战思想指导下，中国的商人们积极行动起来，或改良旧有商业的经营方法，或设立各种新的商业行号与洋商争夺国内市场，或努力开辟外贸途径与洋商争夺外贸主权，或开办各种新式工厂与外资争夺利源，或开展提倡国货运动抵制洋货倾销。但是，由于中国商人势单力薄，工业落后，又得不到政府的有力支持，难以抵抗列强的经济扩张，往往在激烈的商战中败下阵来。正如中国绅商所说，凡涉及商务事端，都以西商为主，而华商听其调度，凡市面行情，银价一概操纵于西人；所办工厂，都因出品不能畅销，困惫而闭歇；抵制洋货，则因本国缺少替代之物，而难收实效。

这种商战观念还赋予商人们重大的社会责任。改良思想家何启、胡礼垣说，振兴中国，主要要依靠商民。今天的国家如果有十万之豪商，就能胜过百万之雄兵。将来中国能使外国人信服，维持全局者，必在商民。如果华商能够联合起来，那么其力量就足以当做长城，隐若敌国。也就是说，中国要增强商战的能力，关键在于造就一支强大的商人队伍，在于商人的自身素质、经济力量和组织程度的提高。但是，在商会诞生之前，中国的商人处于涣散无力的状态，难以承担起商战的使命。

商会先声

外商何以能在商战中着着取胜，华商何以会在商战中步步败北，这是20世纪初年中国爱国商人和有识之士冥思苦想的一个问题。他们通过调查研究和总结经验教训，终于得出这样的结论：外商所以能在商战中取胜，主要得力于商会，有商会而使列强官商一气，众商一心；华商所以会在商战中失败，则由于官商隔阂，众商涣散；华商欲战胜外商，必须沟通官商，联结众商，其根本之法在于设立中国的商会。

从1895年起，中国的一些有识之士开始向国人介绍外国商会在其本国经济发展和对外经济扩张中的作用。郑观应说：西方各国每个商业都市都设有商会；日本于明治维新后，各处设立商务局（即商会），集思广益，精益求精，如有洋商买卖不公，即告知商务局，集众联盟，不与交易，因而商业大振。戊戌维新运动的倡导者康有为，在他给光绪皇帝的《公车上书》中评论西方各国商会的作用说：明朝时葡萄牙之通澳门，荷兰之占南洋，英人乾隆时之取印度，道光时之犯广州，都依靠商会之力。他还在1898年的《条陈商务折》中指出：英国人所以能占领美洲、澳洲，都依靠了商会的力量；外国洋货能畅销中国的重要原因之一，是有商会联结其间，使他们官商相通，上下一体，所以能制造出精美的产品，能广泛占领中国的市场。

这些力图变法图强的爱国绅商和知识分子，在介绍西方商会的同时，提出设立中国商会的建议和设想。郑观应指出：朝廷如果想要振兴商务，就应该准许各省设立商务总局（即总商会），并让各地商人自行择地设立商务分局（即分商会）。他还详细地设计了商务局的组织原则、职责功能和运作方式：无论总局、分局，都应由当地各行业推选一名代表为商董组成，再由全体商董从中选举公正廉明、老成练达、素有声望的商人为总董，由其主持日常局务，负责与官府协商，处理一切商贾要务及助资奖励等办法。全体商董或一月一会，或一月两会。每逢开会之日，各业商人毕集会所，讨论本业发展之方、市面行情、盛衰之因、消长之机、补救之处、扩充之业等一切商业要务。康有为建议朝廷命令各省设立商会，由商务大臣统一领导，由各地商人自行筹办，务使上下通气，迅速兴起。

状元出身的南通绅商张謇，在1896年时专门写了一篇《商会论》的文章，详细论述了设立商会的必要性和组建方式及其职能。他指出，不设商会，商人就没有用武之地。因此，各省应设立总会，各府应设分会。各分会会长的职责是考察所属各县的物产、风俗、民情、生产、市情；向总会提出哪些应该兴办、哪些需要改革、哪些必须改变，及其原因和实施办法。各总会的督办，责在考核各分会会长所提出的报告，决定其行止，并上报总督、巡抚等省政府长官。

就是清政府的最高权力机构总理衙门也产生了类似的认识。该衙门在1896年提交的《奏复请讲求商务折》中，明确表示赞同在沿海各省会和通商大埠设立商务局。奏折指出，西方列强以商会致富，我国亦应在各省设立商务局，从而能够维护华商之利益，渐收已失之利权，实为当务之急，并将上述绅商们所提出的主张详加陈述，建议朝廷从速实施。

到戊戌维新高潮之时，还有人拟订了较为详细的商会章程，名为《拟中国建立商业总会章程》，内中声称：以讲求中外商学商务，以振兴中国全国商务为宗旨。全章程分为2章13条，规定主要的活动内容是促进铁道、轮船、军舰、兵器、机器、钢铁、采矿、农牧、纺织、商贸等业的发展。其内容虽然比较简略，也不很完善，但是它所规定的宗旨和职能已与西方商会差异无几。这大概是中国人制定的第一个商会章程。

在绅商和有关大臣的建议下，力行新政的光绪皇帝于1898年6月12日发出了第一道筹办商务局的谕旨，接着又于7月和8月两次传旨刘坤一、张之洞等各省大吏抓紧建立商务局。从此各省的商务局陆续建立起来。但其组织性质和功能与绅商们所设计的商会则相去甚远，只是各省政府所属的一个商务行政机构。名符其实的商会的产生尚待时机。

第一个商会的诞生

1901年,清王朝经历了八国联军的严重打击,又负上了4.5亿两白银的巨额赔款,陷入了内政、外交、财政、经济的全面困境,为了挽救其摇摇欲坠的统治,开始被迫实行新政,提出了振兴实业的政策,从而使商会在民族危难中得以产生。

处于商战和振商领导地位的绅商领袖和商务官员们都深切体会到,缺少联络,又势单力薄,视野狭窄的中国商人,难以适应对外商战急剧升级,对内振商事业迅速兴起的需要。上海大商人严信厚等就曾指出:我国商人和而不同,涣而不聚,所以商务利害未能专意讲求;心志不齐,意见不一,以致利权操纵尽入洋商之手。清政府的商务大臣盛宣怀也说:华商虽有各商帮组织,但互分畛域,各行其是,每当与洋商交易往来,总不能相敌。因此,寻求一种规模更大,功能更全,能包涵全体工商界的组织形式,便成为那些先进绅商和商务官员们的共同意向。于是建立中国的商会便再次被提上了议事日程。

1902年,清政府委派商务大臣吕海寰和盛宣怀与英国、美国、日本、葡萄牙等国代表,在上海进行修订商约谈判,中国商会诞生的契机终于到来了。此次谈判的主要内容是关于外商在中国的商税和行船问题。由于商税、行船问题与外商的利益有着密切的关系,因此当英国谈判代表马凯即将来华之时,就征求了英国商会的意见；到了香港之后，又有许多在香港的英国商人纷纷前来求见，并通过香港英商商会提出了许多建议，要求向中国政府索取更多的权益。到上海后，上海的洋商商会更给他提供了详细的参考意见。上海洋商商会对商税、行船这些洋商切身利害相关之事，平日就组织洋商们详加考求，又在谈判临开之时做了仔细的调查研究，使之能够为他们的谈判代表提供详细的咨询和具体的要求。由于马凯得到了商会的密切配合，这使他在谈判前即做了充分的准备，在谈判正式开始前夕就向中方代表提出了24条一揽子方案，先发制人，给中方代表一个下马威，在谈判中处于事事占先的优势地位。中方则因无商会协助，一般商人平时对涉外商务问题又没有什么研究，即使有所建议也缺少汇集沟通的渠道，因此无从咨询，处于毫无准备的状态。面对此种情况，盛宣怀感到若不把中国的商人组织起来，就得不到商人的协助，在谈判中就必将处于茫无头绪，着着落后的状态。盛宣怀受此启发，马上意识到把中国商人组织起来像洋商那样成立商会，以此作为谈判后援力量的重要性。他立即上奏朝廷，提出要以创设商会为入手要端。在获得朝廷批准之后，他命令上海江海关道台袁树勋会同绅商领袖严信厚，立即召集各大商帮董事设立总（商）会，并对有关谈判事项详加讨论，提出方案，以备采用。

上海各业商帮董事对此完全赞同，积极拥护。他们认为，此次商约谈判，事关商人命脉，是中国商务进退的关键，非一般的修约谈判可比。中国所失商务权利，若不乘此次谈判机会，力图补救，那么就会权利坐失。因此，应该设立商会，努力配合谈判大臣，力争商权。负责筹办此事的严信厚表示，设立商会是当今切要之图，极愿效力，并自垫经费租屋购物，设立会所。其他绅商也纷纷表示，为此事出力责无旁贷。于是上海商业会议公所，应商战之需，仿照日本商业会议所（即日本的商会）的模式，联合各业商帮组织和某些大企业的代表，于1902年2月22日正式成立。此后，也有其他少数省份仿照上海成立了商业会议公所。

上海等商业会议公所虽然还很不完善，但它已初步具备了商会的组织特征和功能，又与后来的商会建设有着继承关系，因此可以说是一种商会的雏形。

但是，上海商业会议公所成立之后，在组织上处于比较松散的状态，也带有较浓的官方机构色彩；在实际作用上，除了为商约谈判提供咨询和出谋划策，沟通官商关系外，在振兴商务上并无多少实质性的建树，因而社会舆论评论它是拖拖沓沓，没有紧迫感，办事效力不高，责任性不强。因此，商业会议公所仍然不能起到领导广大商人对内振兴商业，对外奋力商战的作用。

与此同时，清政府的商部在1903年9月成立之后，在推行振兴工商政策中遇到了不少来自地方官吏的障碍，拒不执行者有之，拖延应付者有之。这不仅使商部的振兴实业政策难以贯彻，而且办事多受掣肘，从而试图越过地方官府，直接与各地工商界联系，改变办事无从措手的局面。但是要与工商界联系，必须先把工商界组织起来，于是建立能把工商界统一起来的商会，便成了商部振兴工商事业的必要途径和重要内容之一。商部向朝廷上奏说：纵览东西洋各国，外交贸易，无不以商战取胜，达到富强，究其原因，实皆得力于商会。有鉴于此，中国欲振兴商务，战胜外商，也必须模仿外国设立自己的商会。1904年1月，商部奏准朝廷颁布《奏定商会简明章程二十六条》，正式向全国商人发出了建立商会的号召。

此时，一些工商业比较发达的通商大埠的商人已经有了比较迫切的建立商会的要求，商部劝办商会的通告一下，便很快得到商人的响应。上海各业商帮组织的董事对商部的劝办商会表示竭力拥护，认为设立商会，能像洋商商会那样，把中国商人联为一体，兴办实业，是一大好事。他们立即按照商部颁布的章程，在1904年5月将商业会议公所正式改组为上海商务总会。这也是中国的第一个正式商会，后人常称之为"中国第一商会"，既指其设立时间为全国第一，也指其势力和影响为全国之最。

4 全国普及

上海商务总会成立后，各地商人在政府的动员下和上海的带动下，很快兴起了建设商会的高潮。天津、山东、河南、山西、福建、湖南6省市的原有商业会议公所都于1904年改组为商会，全国另有22个新商会产生。此后历年都有不少新商会成立，如1905年有41个，1906年有109个，1907年有64个，1908年有86个，1909年有141个，1910年有180个，1911年有111个，1912年有164个，尚有73个成立年份不明，总计已达969个，已普及除蒙古和西藏之外的全国各省区。特别是经济较发达的东南沿海地区，商会几乎已经普及每一个县级以上的城镇。

与此同时，海外华侨集聚之地，也由华侨商人陆续建立了中华商会，1912年时已达39个，分布于日本的长崎、大阪、神户、横滨，美国的纽约、旧金山，加拿大的渥太华、温哥华，俄国的海参崴、伯利、双城子，以及墨西哥、巴拿马、新加坡、马来亚、印度尼西亚、缅甸、泰国，越南、菲律宾等国家的重要商业城市。这些海外中华商会一直延续到今天，有不少声名卓著者，为当地的华商经济和所在国经济的发展作出了重大的贡献。

中华民国成立以后，商会组织进一步普及，到1918年时，全国商会总数已增至近1500个，比1912年增加了一半。不仅原有商会较多的省份其数量继续增加，而且那些原有商会较少的省份其数量也迅速增加起来。如湖南从1912年的15个增加到57个，陕西从4个增至42个，甘肃从7个增至43个。海外中华商会也增加到了58个。

近代中国的商会建设，虽起步较晚，但发展较快，在10年的时间内普及全国各地，这是世界上任何一个国家的商会发展史上所没有的。

中国的商会建设所以能取得迅速的成功，其主要原因是根据本国的实际需要移植了外国现成的先进文明。西方商会是西方各国资本主义商品经济发展的产物，因而也是一种与资本主义商品经济相适应的先进的工商组织形态，而且行之已久，成效显著，已成为一种完全成熟的工商组织形式。因此，当中国的资本主义商品经济有所发展，又为了谋求其进一步发展，而仿效西方商会的组织形式组建自己的商会时，就能够比较顺利而快速地推行。这除了表现为中国商会的产生发展，是中国的绅商和部分开明官员在对西方商会的了解和商战中逐渐认识到建立本国商会的必要性，并借鉴西方商会的模式设计了中国商会的模式，从而既缩短了对商会作用认识的时间，又省却了商会组织的完善过程；更为重要的是，还表现为中国在商会建设中，从一开始就参照西方的有关法规制定了中国的商会法规，使中国的商会从诞生之日起就建立在依法建立和依法推广的基础上。

　　1902年，盛宣怀饬令上海各业商帮董事组建上海商业会议公所时，就指示商董们仿照洋商总商会章程办理。上海绅商领袖严信厚即招集各业商董，采取上海洋商总会及各处商务局所章程，制定了中西结合的"暂行章程六条"和"事务条规"。1904年，上海商业会议公所改组为商务总会时，其章程系在原公所章程和事务条规的基础上修改扩展而成。其他商会的章程则基本上都参照上海商务总会的章程制定。此外，由政府制定的，于1904年1月颁布的《奏定商会简明章程二十六条》，在一定程度上也参考了日本的《商业会议所新例》。当时就有人鉴于上海华商已设商务会议公所，但是章程尚未制定，清政府也正急于制定商法，所以取日本《商业会议所新例》翻译而刊登之，以供商界和政府参考。民国政府1915年12月制定颁布的《商会法》，其内容也多半借鉴日本商业会议所法。当然，这些商会法规也非完全照搬西方的有关法规，内中也结合了本国的具体情况。如商会的组成以原有的行帮组织为基础；商会的称谓一开始时称商业会议公所，完全仿照日本商会的名称，1904年起改称商务总会、分会、分所，1915年《商会法》颁布后一律改称为总商会、商会、分所，体现了中国商会的组织特色。这些商会法规的制定和实施，既以法律的威力推进了商会的建设速度，又规范了商会的建设活动，使整个商会建设活动快而不乱，广而不杂。

在近代中国的早期现代化建设中，大多数事情都是先干起来，当出现问题后才去制定有关法规，加以规范，往往有一个相当长时期的从混乱到有序的过程。如先有公司，后有《公司法》；先有交易所，后有《交易所法》；先有货币、证券，后有《币制法》、《证券法》等等。像商会建设那样，先有法规后有行动的事情实属少见，这也正是商会建设相对比较顺利而快速的一个重要原因。

如果不移植西方商会建设的先进经验，完全按照中国自己经济和工商界的发展成长状态自然演进，中国的商会建设是不可能如此快速地取得成功的，也不可能使商会组织形态的健全一步到位,并与世界接轨。近代中国移植西方商会建设的先进经验,不仅使中国的商会建设迅速成功,而且也加强了中国与列强进行商战的能力,真可谓是"以其人之道还治其人之身"的成功之作。

二　新型的工商团体

1　跨越传统

在商会产生之前，中国商人的社会组织长期是以行业和商帮为范围成立的行会。中国商人的行业性组织，最早可以追溯到隋唐时期。隋代时，丰都市中有120个"行"的组织。到唐代时，大都市中"行"的数量大大超过隋代。隋唐实行坊市制，即坊（住宅区）与市（贸易区）相分离，工商业者只能在市内设店摆摊，且同一行业的店铺摊点集中在一条街上，因此行业的组织处于自然存在状态，还比较松散，主要是为了便于官府的管理。

到宋代，随着工商业的发展，坊市制度被冲破，同一行业不都聚在一起，行的数量也开始增多。商人的行业组织，除了"行"之外，还有称"团"的，如花团、青果团、鳌团等，亦有团、行连称的。手工业者的组织则称为"作"，如油作、木作、裁缝作、碾玉作、篦刀作等。到明代，"团"的称谓消失，普遍称为"行"或"铺行"，手工业的"作"也通称为"行"。

团、行不是工商业者自发的组织，而是官府因科索和征购财物的需要而设置的，因而也就没有会籍的限制，尽量把所有同业者都纳入到组织中去，而且入行带有强制性，政府一声令下，无论大小店铺均得入行，否则不能入市营业，若私自营业则属犯罪行为，并鼓励告发。每行设有行头，负责与政府评议征购价格和分派行户当值，以应付官差，因而亦有与政府周旋，维护本行利益的作用。团、行对本地市场有垄断性，外来客商贩货必须由团、行议价收购，但对本行内部不限制竞争。明代"铺行"的组织性质和作用类同于团、行。因此，明代以前的商人行业组织还不是典型的行会组织。

　　大约在明代中叶出现了称为商帮的商人组织，它由来自同一地方的商人组成，是商人的松散的地缘性组织。小的商帮无以计数，大的有所谓十大商帮之说，他们是：徽帮、晋帮、陕帮、江右帮、龙游帮、宁波帮、洞庭帮、临清帮、闽帮、粤帮等。这些商帮有的涵盖了一个省的商人，那些冠以省名的商帮一般均属此类；有的涵盖了一个州府的商人，此类商帮一般都冠以州府名称，如龙游帮包括了浙江省衢州府属的龙游、常山、西安、开化、江山等5个县的商人，宁波帮中包含着宁波府属的鄞县、慈溪、镇海、定海、奉化、象山、宁海等7个县的商人；有的涵盖了几个乡的商人，如洞庭帮是指无锡太湖边上洞庭山的东山乡和西山乡的商人。这些商帮有时亦与别帮合称一帮，如晋帮和陕帮亦合称为山陕帮，宁波帮往往与绍兴帮合称为宁绍帮；其内部往往还包含着数量不等的小商帮，它们一般按业别和地别而分，如晋帮内有经营盐业的运城帮，经营一般商业的平阳帮、泽州帮、潞安帮，经营票号业的平遥帮、太谷帮和祁县帮等。实质上商帮只是一种商人的籍贯性群体，每一个商帮的经商活动不限于本地或其他某一地区，而是分布于全国的许多商业城镇。与此相应，商帮没有全体性的正式组织，只有在同一城镇经商的同帮商人才有正式的组织，它们的组织形式最主要的是会馆和公所。

随着商帮势力的发展和扩散，商人会馆从明代早中期起开始出现，盛行于清代前期。会馆最早出现于北京，其时间大约在15世纪中叶的明代永乐年间。设立会馆的最初用意，是供赴京赶考的同乡士子和其他旅京同乡人士寄居之用，由旅居京城的同乡官绅集资建立。其他都市的早期会馆也情况相似。后来随着商人以乡土关系结帮外出经商的增加，并建立起比较稳定的市场，他们便借用会馆的形式，在通商大埠营建房舍，作为来往住宿、贮货、交易以及酬神、议事、宴乐的场所。于是商人会馆便成了某地某一商帮的根据地，同帮商人较多、财力较大的商帮，一般一帮建一会馆，同帮商人较少、财力较小的商帮，往往由相邻的两个或几个商帮合建一个会馆。因此会馆有同乡会馆和商人会馆之分。同乡会馆一般与商帮无关，以京城为最多；商人会馆是商帮组织机构的所在地，以通商大埠为最多，如北京仅占8%，而苏州、上海、汉口、佛山、杭州等商业城镇都占90%左右。

继会馆之后出现的工商业者的行帮性组织是公所。工商业公所的出现大约始于18世纪的清乾隆年间,此后逐渐盛行。到鸦片战争之前,公所组织已相当普及,在通商大都市中公所已超过会馆,如上海有公所12家,苏州更多达21家,北京亦有两三家。商人公所的成员构成和服务功能与商人会馆基本相同,其称谓的区别只是工商业者在建立行帮组织机构时对名称的不同选择而已。不过,地缘性的同乡工商业者的组织较多采用会馆命名,业缘性的同业工商业者的组织较多以公所为名。同乡工商业者的组织也有以公所命名的,它们往往不是同一行业的组织,而是商帮组织,即是一种包含来自同一地方的各种工商业者全体的组织,因此具有较强的同乡组织性质。同业工商业者的组织也有用会馆命名的,一般有两种情况,一种是当地的全体同业工商业者的组织,不以籍贯为限;另一种是同乡同业工商业者的组织,因而既具有同业性,又具有同乡性。

鸦片战争之后,随着中外贸易的扩大和中国工商业的发展,以会馆、公所为主要形式的行会组织出现了一个新的发展高潮。据笔者统计,在1911年之前,上海、苏州、汉口、北京4个城市中有确切设立年代的行会,大约有305个,其中设立于1840年之前的98个,约占总数的32%;设立于1840~1911年间的207个,约占总数的68%。而且行会的结构和功能也逐渐资本主义化。在种类结构上进一步专业化,同乡性行会逐渐减少,同乡同业性和完全同业性行会明显增加,如在上海，专业性行会的比重从1840年之前的70%提高到97%；在汉口，从50%激增至94%。在成员结构上，则显示出成员构成的资产阶级化，许多行会组织的领导者和成员不仅已成为拥资巨万的现代商业资本家，而且开始创办和投资于新式工商企业，集商业资本家与工业资本家于一身，从而使行会的成员构成由旧式工商业者的单一结构，向新旧工商业者混合的二元结构转化。在组织性质上趋向开放化，对同业店号的增设、扩展和入会的限制已不像以前那样严格，新生的同业者只要承认会规、缴纳入会费，或请吃几桌饭便可入会，并开始实行了自愿入会的原则。在功能作用上，旧有功能发生变化，向着资本主义化的方向发展，不仅对所属行号的生产经营范围和雇员数量的限制逐渐放松或失去控制能力，甚至不加任何限制，而且向着提倡实业、开通商情、改良产品的方向转变。

尽管行会组织在鸦片战争后进一步普及，并向着资本主义性组织转化，但是受其一行一业性的组织范围和管理职能限制，它仍然是一种狭小而封闭的传统组织。只有到商会产生之后，中国的商人组织才跨出了这种传统组织的门槛，进入全新的现代组织时代。

2 商人的大家庭

从组织规模上来讲，商会是其所在地全体工商业者的全员性组织，是规模最大的商人大家庭。

每一个商会，都由当地各业行会和新式工商企业联合组成。商会是一种开放性的组织，对入会的资格没有什么限制，凡是在本地经商办厂的各业商人，只要照章履行手续、交纳会费、承担义务，都可以入会。如上海商务总会的章程明确规定：凡在上海依法经商，有实在营业的本国人民，都可加入本会；店号虽不在上海，但在沪设分店经营者，亦可加入本会。因此，商会的组织覆盖面极其广泛。如上海商务总会的第一届团体会员，包括了轮船公司、银行、纱厂和木业、花业、汇票业、南市钱业、北市钱业、典业、银楼业、绸业、南市衣业、北市衣业、茶业、米业、华商糖业、洋商糖业、洋货业、药业、酱园业、珠宝业等47个企业和行会组织。北京商务总会成立时，加入者有：电报总局、大清银行、交通银行、浚川银行、信成银行、公益银行、储蓄银行、厚德银行、志成分行、天津官银号、金银号、汇兑庄炉房、钱业、当业、绸缎洋货行、靴鞋业、药业、布业、酒业、土药业、染坊踹坊业、糕点业、颜料行、首饰业、古玩业、玉器业、煤油洋广货业等27个新式企业和行会组织。其他各地的商会无不如此，如天津商务总会成立时，有32个行会的581户商家入会；苏州商务总会的第一届会员名册中，有40个行会的1056家工商企业。此后，随着时间的推移和商会作用的显示，越来越多的行会组织和企业进入商会。如天津商务总会在成立的第二年即1906年，入会者就增加为38个行会、713家工商企业，到1911年再增至64个行会。1915年时改称为京师总商会的北京商会，其团体会员已增加到34个行会、3308家工商企业。

与商会的组织范围相应,商会会员众多。商会的会员可以分为两种,一种是会员,由入会的各业行帮和企业所推举的代表构成;另一种是会友,由入会各业行帮和企业的全体成员,以及捐纳会费不足会员标准的行帮和个人组成。如上海商务总会的章程规定:凡一帮或一业,每年捐纳会费在白银300两以上者,可以推举1名会员,在600两以上者可以推举2名会员,在900两以上者可以推举3名会员;凡不在行帮组织之内的公司、工厂,参照行帮例子,按交纳会费的多少,可以推举1~3名代表作为会员。其余凡捐纳会费不足300两的各行帮全体成员都作为商会的会友,不在行帮组织内的单个店号和公司企业每年交纳会费12两以上者,也可以作为会友。天津商务总会的章程也规定:无论何行何业,只要每年交纳会费4元以上者就可以入会。因此,每一个商会都拥有大量的会员。据1918年出版的《中国年鉴·第一回》的统计,1912年时,全国商会数为794个,会员总数196636人(其中缺京兆、察哈尔二地区),平均每个商会的会员数约为250人。一些大型的总商会则拥有数百累千的会员,还据该项统计,1918年,全国各主要商会的会员数是:京师4354人,天津1371人,黑龙江760人,济南857人,烟台1045人,南京1148人,苏州1530人,通崇海泰1658人,福州920人,宁波670人,武昌2120人,西安1100人。该项统计中各商会的会员数与各地工商业发展程度不甚一致,如京师并非全国工商业最发达的城市,而其商会的会员数却位居全国第一,且比其他大城市商会的会员数多好几倍,这可能是由于各商会在统计本会会员时所采用的标准和范畴的不同而造成的。尽管如此,这些统计数还是可以反映出商会组织规模的庞大。

在商会成立之初,它的会员主要来自商业界,工业界人士参加的不多,他们另有工会组织(不是工人的组织),有的商会也拒绝工业界人士入会。据《农工商部奏定工会简明章程》规定:工会以研究工学,改良工艺,倡导工业,促进实业进步为宗旨,入会者以从事工业活动5年以上的企业主和经营管理者为限。到1914年,北洋政府农商部认为,工业与商业利害共同,关系密切,互相结合才能联络一气,彼此分开必致隔阂,而且凡经营工业稍有规模者都已包容在商业范围之内。加之当时已颁布的《商人通例》所界定的商人含义,也把工业家包括在内。因此,该部发文规定将工会并入商会之中,工业界人士可以加入商会组织,从而使商会明确成为工商两界的组织,商会的组织范围进一步扩大。直到1947年,国民党政府颁布《工商会法》,又把工业企业从商会中分出,另外成立工会。

当然,商会拥有如此众多的会员,并不意味着商会的任何活动都有全体会员参加。在一般情况下,商会的日常事务由会董主持,一般会员和会友除了参加定期举行的会员大会之外,基本上都通过所在的行帮组织和企业与商会保持组织联系,他们主要在行会和企业的组织下进行各项活动,处理各种事务,只有当活动和事务的范围超越本行业,或本行业组织不能处理的时候,才交由商会与行会共同组织和处理。反过来,商会也只有通过行会和企业才能把入会的各行各业的会员和会友联结起来、发动起来进行各种大规模的活动。不仅传统的工商行号原来就有行会组织,就是新式的大型工商企业,有的商会也把它们编组成行帮的组织形式,并以所编行帮为单位推举会董、会员和参与商会活动。如汉口商务总会1912年的会员名单中,就有"银行帮"、"矿厂公司帮"、"轮栈帮"、"书局仪器帮"、"蛋厂帮"等名称;京师总商会1915年的团体会员名单中,也有"银行商会"、"公司商会"的名称,这些行业商会实质上也是新式企业的行业性组织,与行帮的组织形式类同。因此,行帮组织不仅是商会的团体会员,而且是商会联结广大会员的中间环节和基层组织,如果没有这个环节,商会就不能真正成为商人的大家庭。

商会作为商人的大家庭,除了拥有为数众多的会员之外,还在于它具有自治自律的权利和能力。商会是按照国家有关法规而自愿自主成立的法人团体,它的章程由商会自己依据有关法规的原则,结合当地的具体情况,自行集议制定。它的领导人员,由商会依照有关法规规定的标准自行推选。它的各项活动和事业经费自行筹集,主要来源于会员的会费和社会各界的捐助,并能独立支配。它的成立和解散,由会员大会讨论决定,任何人、任何部门都不能将它任意解散。

它还具有法律赋予的联合商人、保护商业、振兴实业等方面的职责权限。因此，商会既有法定的地位，又有自治自律的权利，还有保护众商的能力，从而使它能够以权威地位和利益纽带把广大商人联结在一起。

3 完整的组织体系

与传统的行帮组织和其他任何工商团体相比，商会的组织体系是最为完整的。商会的组织体系由内部组织系统和外部组织系统两个部分构成。

就内部组织系统而言，商会有严密而明确的组织领导体制。商会的最高权力机构是会员大会，因临时需要而举行的会员大会称为"特会"，按规定日期召开的会员大会称为"常会"或"年会"，一般每年举行一至两次。一切重大事务都须经会员大会讨论决定，如会费数额之增减、会中公款之动用、会中财产之买卖和抵押、会员之开除或辞退、会章之修订、会董之选举，以及其他会长和会董难以决定之事。

会董（或称议董）会议是商会的最高日常领导机构，它由会董组成，由总理、协理（民国以后改称会长、副会长）领导，一般情况下每周议事一次，遇有重要事情随时开会讨论。会董会议有推举总理和协理、监察会务、筹议经费、讨论会章等权限。凡较为重大的事务均须由会董会议讨论决定，如对犯错误会董的处罚，对振兴实业计划的研定，对商务纠纷的裁定等。商会的日常事务则由会董分工负责，如上海商务总会的章程规定：设会计议董（相当于财务主管）2名，以监察会内收支各项款目为职责；设书记议董（相当于秘书长）2名，以监察会内往还电文、公牍、书札、收发条陈等事为职责；设庶务议董（相当于办公室主任）4名，以监察会内日常事务和对外接待等事为职责；设纠仪议董2名，以监察开会时会议室内规则为职责；设调查议董2名，以监察调查商业及调查各业入会情况，登记会员、会友为职责；设理案议董5名，以监理钱债纠葛、商务纠纷为职责；设中证议董2名，以监察各业商人的契券、合同并为之公证为职责。

总理和协理（或会长和副会长）是商会的最高行政领导者，由会董会议在会董中选举产生。他们的职责是主持会务、筹集经费、稽核开支、裁定会章、秘密裁定各事、联络官府等。但他们只能按照章程的有关规定，以及会董会议和会员大会的决议行使职权，不能私自决定重大事务。

商会还聘用一些专职办事人员，分别负责处理具体事务。上海商务总会的职员有：坐办1人、理事1人、西方法律顾问1人、书记（即文秘）3人、缮校4人、翻译1人、司账2人（即会计）、庶务2人（即杂务）等。该会章程明确规定：会中办事人员，有行法之权，无司法和立法之权，只能按照总理、协理、议董、会员等所议决的办法执行。

由此可见，商会内部的组织体系，不仅有健全而正规的领导职务和办事机构设置，而且有完整的民主集中制度，这是传统的行会组织所无法比拟的，也充分体现了商会的现代组织特性。

就商会的外部组织系统而言，可以分为两种。第一种是同一省区内各商会之间的联系。当时，商会的组织形式分为商务总会、商务分会、商务分所（民国以后改称总商会、分会、分所）三级。总会设在各省省城和其他工商业大城市；分会设在各县县城和其他商务较为发达的城镇；分所设在总会或分会所在地区的其他商业小镇。三级之间的组织关系是，分所往往依附于总会或分会，分会除了由部颁章程明文规定为按省分别隶属于商务总会外，而且总是主动把自己所属地区的商务总会作为上级机关。分会和分所的印信要通过总会领取，遇有艰难之事往往请求总会帮助解决。在联络关系上，总会则处于全省商会联盟的领袖地位，如全省性的商会活动常常由它组织领导；各级商会向省政府或中央政府提出的要求经常由它传递；省政府和中央政府有关商界的政策法令也通常由它传达；省与省之间的商会活动更由它联系。因此，在总会—分会—分所三者之间，形成了一种逐级控制体系和信息互传体系，使一个省区内的商会能够有事则合无事则分，灵活地开展各种活动，应付各种局面。但是，这种组织状况也说明，一个省区内商会的组织系统只是一种总会、分会、分所三级之间的纵向联络系统。同级商会之间，即总会与总会、分会与分会、分所与分所的横向联系，虽偶有发生，但没有经常的沟通渠道。尤其是商务总会，由于它是一个省区内最高一级的组织，既没有与别的总会发生经常联系的横向

29

渠道，也没有再向上沟通的纵向渠道。这实质上是一种以各商务总会为首的以省区为单位的半封闭组织系统。这种状态，直到后来全国商会联合会成立以后，才有所改变。

第二种是商会与它的从属团体之间的联系。所谓从属团体，就是由商会发起创办，或由商会成员兼任领导，或由商会资助经费的团体，主要有商团和商学公会（或商学研究会）等。商团是由商会组织和领导的武装治安组织，它以青年商人或商家子弟为主要成员，由商会选派有名望的会董担任直接领导，由商会提供主要经费。如苏州商团由商务总会发起集款创办，第一任会长（团长）洪毓麟、副会长倪开鼎都是商会的议董；议事员尤先甲、杭祖良、彭福孙和蒋炳章等分别是商会的总理、议董和名誉会员。又如上海商团，初创时以商会总理为名誉会长，它的历届会长中，李平书是沪南商会会董；曾铸担任过上海商务总会第二届总理；苏本炎、王一亭、张嘉年、叶增铭均系上海商务总会的会董或会员。再如汉口商团，初建时由商会会员王琴南任会长，武昌起义时则直接由商会总理蔡辅卿、协理李紫云召集组织。商学公会或研究会与商会的关系，虽然不如商团那样密切，但也与商会有着一定的目的相共关系、业务联络关系和人员渗透关系。如杭州商学公会声称，它与商会宗旨相同，凡是本省和外省各城市的商会都应当联络。上海沪南商学公会则由商会直接发起。天津的北洋商学公会、直隶商业研究会、天津工商研究总会，都有不少商会成员参与其中。商会还与其他工商界团体有着各种程度不同的组织联系、业务关系和人员渗透关系，这里不一一列举。

商会的这种广泛的外部组织关系，是由作为商会成员的绅商的多重社会属性所决定的，他们往往集绅、学、工、商于一身，能以其各种身份参加各种社会活动和社会团体，从而也造成作为绅商大本营的商会与其他各种团体之间的互相联系和影响，使它们能够在一些大的社会活动中互相配合，形成声势浩大的社会运动。

4 特定的职责和功能

商会的职责和功能比较专一，不像行会那样广泛。行会的职责和功能包括宗教方面的祭祖、祭神，经济方面的规定同业者的雇工人数、产品价格、员工工资等，联谊方面的联络同乡同业者的感情、调和同业之间的关系，福利方面的对同乡同业者进行贫困救济、帮助丧葬等，具有强烈的传统色彩。商会的职责和功能则主要集中在保护商人权益、促进经济发展方面，即所谓联商人、保商利、振商业，而且由政府颁布的有关法规和商会自定的章程给予明确的界定。商会联商人的职责和功能已明显地表现在上述的商会成员构成上，这里着重介绍商会保商利、振商业的职责和功能。

清政府商部颁布的《奏定商会简明章程》，规定商会有下列四个方面的职责。

代商申诉。章程第七条规定，商会总理、协理有保商振商之责，所以凡是商人不能申诉的各项不平之事，总理和协理应当调查属实，向当地政府部门代为秉公申诉，如不能得到公平解决，或为权力所限而不能解决，应立即报告商部核办。

调查和汇报商情。第八条规定，凡是有关商务盛衰的原因，进出口多少的缘由，以及有无新出的农产品和工业品，总（商）会应按年由总理列表汇报本部，以备考核。其中对工商业有重要关系的事宜，则随时禀陈，如有特别重要之事，即当电禀。

调解中外商务纠纷。第十五条规定，凡商人遇有商务纠葛之事，可以到商会汇报，商会总理应定期召集各会董秉公论理，从众公断。第十六条又规定，如中外商人之间遇有商务纠葛，商会应与双方所推举的公证人一起秉公处理；如已由地方官或领事处理不公之事，当事者仍可要求商会代为申理；案情较重者，由商会总理呈报商部会同外务部办理。

管理和提倡工商各业。第十八条规定，商会可按照商部颁布的《公司条例》代办商家注册之事，然后总理、协理和各会董应随时按册稽考，酌情实施切实保护之方，力行整顿提倡之法。第十九条又规定，凡是商家订货的合同、房地产买卖的文契，以及抵押贷款的券据，一切可执以为凭者，均应赴商会注册，以避免欺诈行为。第二十六条还规定，凡商人有创造发明和改进产品者，都要报明商会考核，并由总理报告商部，酌情给予专利，以杜绝伪造行为，而鼓励创造发明。

民国政府颁布的《商会法》，对商会的职责更详细规定为九个方面：筹议工商业改良事项；关于工商业法规之制定、修改、废止，以及与工商业有利害关系事项，可以向中央行政长官或地方行政长官陈述其意见；关于工商业事项答复中央行政长官或地方行政长官之调查或咨询；调查工商业之状况及统计；受工商业者之委托，调查工商业事项，或证明其商品之产地及价格；因举办赛会（即展览会）的需要，可以征集（参展）商品；因关系人之请求，调处工商业者之争议；关于市面恐慌等事，有维持及请求地方行政长官维持之责任；可以设立商品陈列所、工商学校或其他关于工商事务的公共事业。

此外，总商会还有两项职责，一是应各商会之请求，可以调处商会间之争议；二是对中央或地方行政长官委托的事情，视情况召集各商会商议处理。

这些法规所赋予商会的职责权利，归纳起来约为5个方面，即参与政府的工商业政策制定和实施；调查商情；协调和仲裁商事纠纷；管理和倡导工商业；举办工商教育事业。各商会都依据这些部颁法规的基本原则，在各自的章程中明确而具体地规定了自己的职责和活动范围。这些职责权利体现了商会的保商和振商功能。后来各届政府所修订颁布的商会法规，虽然对商会职责的界定在具体条文上有所增减，但是在总体原则上仍然依旧。

商会不仅有法律所赋予的这些保商利、振商业的职责权限,而且有不少实际的措施和行动。商会所采取的措施主要有:举办商品陈列所和劝业会之类的机构和活动,增强工商各业之间的互相联系和竞争意识,促进和倡导工商业的发展;举办工商实业学堂、夜校和讲习班等教育活动,提高工商界人士的经营管理水平;创办各种工商刊物,发布商情调查报告,既宣传振兴工商业的意义,又为工商界的振兴实业活动提供信息;设立商事裁判所,审理各种商事纠纷。这种商事裁判所,最早于1909年前后由成都、重庆、保定等少数几个商务总会创办。入民国以后,在许多商会的要求下,民国政府于1913年1月颁布《商事公断处章程》,1914年9月又公布《商事公断处办事细则》,于是有越来越多的商会设立了商事公断处(即原来的商事裁判所),到1918年时,全国有14个省区的57个商会设立了商事公断处。

在振兴工商实业方面,商会也做了许多实际工作。它们或为创业之商人疏通官府,如1906年江苏常州县商人欧阳元瑞等4人筹设瑞丰轮船公司,就是通过苏州商务总会与各级衙署交涉,才得以在常州修筑码头;或为企业推销产品,如1909年上海商务总会为日晖织呢厂派员赴他省考察销场的事情,专门致函北京、奉天等地的商务总会,希望予以帮助照料;或为企业代请减免税项,如1908年苏州商务总会为苏州颐和罐食公司呈请农工商部暂免5年厘税,以弥补其在抵制洋货中造成的亏损。如此等等,不胜枚举。

由上可见，商会不仅依法设立，拥有众多的会员和独立的财产权，而且有明确的自治自律权利，还具有相应的保商、振商能力。因此，可以说商会是一种完整的现代性法人社团。

三　崭露头角

1. 领导抵制美货运动

应商战之需,以保商振商为己任的商会,在它诞生之后就很快承担起了这一时代的使命。在1912年中华民国成立之前的8年中,它除做了许多抵制外国经济侵略、促进民族经济发展的具体工作之外,还领导工商界做了几件令人瞩目、影响巨大的事情。发生于1905年的抵制美货运动,就是商会领导工商界抵制外国侵略和压迫的首次尝试。

这次运动的起因是美国企图强迫中国政府续订《华工禁约》。从19世纪中叶起,大量华工进入美国,在美国西部的开发中做出了重要的贡献。到19世纪70年代之后,随着美国经济危机的连续发生和西部开发的逐渐告成,华工不再受欢迎,并受到种种虐待。为了限制新的华工入境,美国政府从1882年起制定限禁华工条例,至1894年诱迫清政府与之正式签订了《中美会订限禁来美华工保护寓美华人条款》(简称《华工禁约》)。此后,美国又不断增加排斥和苛待华人的条文，不仅严格限制新的华工进入美国，而且对前往美国的任何华人，不论其为何种身份，均需受到严重侮辱人格的检查和审问，对在美华人也以禁约所规定"遵守美国政府随时酌定章程"为据，任意用种种条例苛待之。1903年甚至把"伯蒂伦罪犯登记法"移用于赴美华人，即使是学生、商人、旅游者等禁约所规定的"豁免"人员也同样强令脱衣、量体、拍照。这自然损及在美华人的政治和经济权益，也损及中国的国家权益。这种做法虽然不是对中国的直接侵犯行为，但实质上已侵犯在美和赴美中国公民乃至国家对美平等交往的权利。到1904年《华工禁约》即将期满之时，中国政府照会美国政府，声明一俟禁约到期立即废止。但美国政府拒不接受中国政府的合理要求，企图以禁约的原有内容为基础续订新约。美国的这种企图继续侵犯中国公民和国家权利的行为，立即引起了以上海商务总会为首的中国商人的强烈反对。

1905年5月，上海商务总会决定以抵制美货为手段，迫使美国政府改变禁约。10日，上海商务总会召开特别大会，讨论抵制续订《华工禁约》问题，议董曾少卿倡议：以2个月为限，如到期美国不答应将苛例删改而强迫我国续订新约，则我华人当合全国誓不运销美货以为抵制。这一提议得到全体与会者的一致赞同。接着，上海商务总会一方面致电外务部、商部，要求坚决拒绝签约，电请南北洋大臣合力抗拒，另一方面通电全国各商会，号召一致行动抵制美货，以迫使美国改约，也得到了全国各商会的广泛响应。

7月20日，为时2个月的限期已到，但是美方未见行动，上海商务总会随即于当天下午召集各帮商董开会，决定正式实行抵制美货。会上当场有铁业、火油业、木业、机器业、五金业、洋布业、面粉业等主要销售洋货行业的代表率先签字，不定购美货。同时以上海商务总会的名义通电全国35个重要通商口岸的商会，宣告抵制美货正式开始，上海各界对商会的倡议纷起响应，除了已签字的几个行业外，印刷、钟表、航运、煤炭、报关等70多个行业相继宣布参加抵制美货，表示不购、不售、不代办美货。沪学会、文明拒约会、四明同乡会、环球中国学生会、公忠演说会、童子抵制会、女子拒约会，以及在沪的各省会馆、各业公所、各学堂等等众多的社会团体，都相继积极投入抵制美货的行列。在上海的许多外地商业代理机构和商人组织，如北京的银行、铜铁行、洋布行、钱庄、洋纱庄的代表，以及天津帮、广州帮、宁波帮、徽州帮等的代表，都纷纷表示支持和参加抵制美货。

全国各地的商会紧随上海商务总会之后，积极领导了本地的抵制美货运动。在广州，刚成立不久的广东商务总会联合72行和9大善堂，组织起拒约会，不久又改名为"广东筹抵苛待华工总公所"，领导和联络全省各地区商人的抵制美货运动。广州街头到处可见抵制美货的宣传条幅和集会，使广州积存的2000方包美国面粉失去销路；美孚洋行煤油的销售额比上年减少了142万箱。在汉口，汉口商务总会在接到上海商务总会的通电后，立即行动起来，多次召开大会，群情激昂，一致决议：原先代办美货者一律停办，原先不销售美货者一律不购用美货，并号召社会各界积极响应，不用美货。在苏州，苏州商务总会作出规定：洋广货、纱布、烟纸、洋油各业商人，除立据表明不用美货者外，凡存储美货的商店，暂时不能取得商会会员的资格；如已入会而有影射洋商不顾名誉者，一经查明立即开除出会。在杭州，杭州商务总会不仅领导本市的商人开展抵制美货运动，还印制抵制美货传单，分送省城附近城镇的各家商店，并邮寄所属之各处商会，通知抵制之事。杭州的布业、绸业等50多个行业的商人集议决定：所有美货一律不进，一概不用。在长沙，长沙商务总会召集数千商人召开了"湖南全省绅商抵制美货禁约会"，当即决定以商会为主体组成"湖南办理抵制美货事务公所"，领导了长沙市和湖南全省的抵制美货运动。如此等等不胜枚举，据统计，全国大约有160多个城市的商人，在商会的领导下，程度不同地响应了这次运动。这次运动的首席领导者曾少卿说："内而穷乡僻壤，远而陕甘云贵，无一处不风合云从，影响之大，传布之广，为历来所罕见。"

尽管这次抵制美货运动的高潮仅坚持了不到2个月的时间，在美国政府的威胁和清政府的压制下，从9月起逐渐低落，其中也有一些领导不力的商会和态度不坚决的商人。但是从总体上来说还是显示了商会的能量和中国商人的爱国主义精神，从结果上来说也基本达到了预期的目的。抵制美货运动使美国的对华贸易受到严重影响，也使美国的工商界和政府大为震惊，不得不对中国提出的修改《华工禁约》要求加以考虑。8月下旬，美国驻华公使柔克义向清政府转达美国总统罗斯福的意向：承认以前"以苛酷手段而行禁工之律者为不公"，表示愿意与中国政府作"和平商议"，改善赴美中国商人、学生、官员和其他游历人员的待遇，并准备于12月美国议会开会之时，提请修改禁约。罗斯福的这一许诺，已基本满足了商会发起这次运动的本意。这也是抵制美货运动从9月起逐渐低落的一个重要原因。

到1906年1月，美国政府开始采取一些改正措施。据中国驻美国公使梁诚给清政府外务部的电报说，美国政府在修订后的禁约中声明："只禁粗细工人，此外一律照各国优待，华工假道照常办理，被拘华人准其上控，护照凡经查验，作为入美末据，现居美华工亦得优待，任便往来。"此外，美国政府还采取了一些行政上的措施，如由犹太人斯特劳斯接替积极排华的种族主义分子梅特卡夫的工商部长职务；取消了侮辱性的伯蒂伦登记法；改善因手续不全而被暂时拘留者的生活待遇，并缩短拘留时间；放松对中国赴美留学生的限制，并对就读于美国大学的中国学生提供适当资助。美国政府的这些让步虽然是有限的，但在当时中国已沦为半殖民地的情况下，能取得这样的成果，已是外交斗争中所少有的成果。

2 维持金融市面

20世纪的最初10年是中国资本主义经济较有起色

和较为活跃的时期,尤其是上海、天津等通商大埠,民族工商业有较大的发展,但同时也存在着市场秩序混乱、资金不足等问题,使市场上的作伪掺杂行为,企业间资金借贷现象,外商的浑水摸鱼勾当屡见不鲜。其中最为突出、影响最大的莫过于金融市场的风潮迭起。面临这种动荡不定的市场,商会尽其所能,做了不少维持市面的工作,如调解商务纠纷,整顿市场秩序,规范行业行为,等等,特别对维持金融市面着力甚多。

清末的金融风潮起源于乱铸通货。由于资金不足,银根紧张,引发一些不法银钱商人的作伪掺杂行为。如1904年,天津的一些铸造银子的炉房,在熔铸"行平化宝银"时,掺铅掺铜,将其含银比重从法定的992‰降至965‰,使天津及其相关的上海、广州、汉口等城市的商家深受其害,到1908年时终于引发了银色风潮,通货不能流通,买卖不停而停,人心极其惶恐不安。为了避免损失,各地商会采取了一些相应的措施。如天津商务总会采取了三项措施,一是设立公估局,以992成色为标准估定各色银两,盖上印记,然后才能入市流通,凡不合标准者一律收回重铸;二是恢复曾于1900年停闭的钱商公会,命令钱商不准加贴水买卖外国纸币,违者按所得贴费加百倍罚款,并开办京申汇票行市以稳定汇率;三是筹集白银15000两作为亏损补贴,将外国银行所积存的120余万两低色银两重新改铸。

与此同时,天津商务总会还处理了铜元危机。从

1905年起，由于外地铜元的大量流入和袁世凯指使天津造币厂滥铸铜元，使银钱比例严重失调，钱价不断下跌，到1908年时，每一银元兑换铜元的价格比1903年时增加了1000余文。在此期间，天津商务总会先后采取了三项扼制铜元危机的措施，这就是禁止外地铜元流入；实行铜元限价，规定每一银元兑换铜元不得超过130枚；禁用铜元，一律改用银元和银两交易。这些措施都发挥过一定的作用，特别是最后一项措施的实行，使银元流通很快普及于天津，终于缓解了铜元危机。

　　与天津相比，这一时期上海的金融市场更是风波迭起。在1907年之前，上海的金融风波主要是受天津等北方金融风潮牵连而发生的，影响尚不算大。从1908年起，上海本地爆发金融风潮，不仅连绵不断，规模巨大，而且反过来波及北方乃至全国各地，是年9月间，发生商人吴祥麟、吴玉麟兄弟开设的人和永棉花行倒账事件，累及上海金融市面。该行原先依靠钱庄和外商银行的大量贷款从事棉花贸易，生意十分红火。后因经营亏损，转而进行股票投机，结果以失败告终，负债达50万两，兄弟俩遂外逃避债。同时，还有纱业商人徐国祥、朱陈初和煤炭商人刘伯森等合伙进行股票投机失败，被迫破产清理。这时相关各外商银行为避免倒账拖累，纷纷收回此前拆放给各钱庄的款项，共计约500万两，使已显动荡端倪的金融市场雪上加霜，引起恐慌。上海商务总会为平息金融恐慌，以相关商家的财产作抵，由商会和上海道联合担保，向英商汇丰银行借银230万两，另向江苏省库借银70万两，交由上海北市钱业会馆和南市钱业公所用以接济市面。这一措施虽使上海的商家又负上了一笔外债，但总算平息了这次金融风波。

从1909年起，一场巨大的金融风潮在上海酝酿着。当时，世界市场上橡胶供不应求，价格暴涨，橡胶公司的股票也随之不断升值，使橡胶股票投机盛行。到这一年的年底，这股狂潮开始袭击中国市场，40多家以开发南洋橡胶资源为名的外国公司纷纷在上海各家报纸上刊登招股广告，并委托上海的外商洋行经办和代售股票，在外商银行开户。但事实上这些公司只有少数刚刚开始筹办，大多数是有名无实、买空卖空的皮包公司。上海的商人不察实情，为外国的橡胶股票投机风潮所染，为外商的大言所诓，相信购买橡胶股票必获厚利，争先恐后竞购股票。到次年春，此风披靡沪城，许多官员和商人纷纷向钱庄和外国银行调用款项，购买橡胶股票，投机若狂。有些人甚至倾多年积蓄尚不以为足，还变卖家人的衣服、首饰等以购买股票，甚至连钱庄也以为橡胶股票远比现金获利为多，争先收积此项股票。

在这些橡胶股票投机狂中，最为投入的是一个由3位买办兼外贸商和钱庄主结成的投机集团。其中一位名叫陈逸卿，是茂和洋行、新旗昌洋行和外商利华银行的买办，自己开有庆余洋货号、正元钱庄，并附股于兆康钱庄；一位叫戴嘉宝，是德商裕兴洋行的买办、兆康钱庄的股东；一位叫陆达生，开有谦余钱庄和陆元利丝栈。他们不仅利用手中掌握的3家钱庄，发出庄票600万两，而且调用与其有往来的5家钱庄的大量庄票，用以抢购橡胶股票，甚至还利用其与外商的关系，从花旗银行、华比银行和怡和洋行借款100万两，又从汇丰银行、麦加利银行借得50万两，一并用作股票投机。在他们的影响下，其他钱庄也程度不同地投入了这股股票投机狂澜，使沪城钱庄的融通资金几乎完全投入于橡胶股票交易，而用于正常商业活动的资金，却差不多完全枯竭。在此期间，外商各橡胶公司所发行的总值2500万两的股票，很快就被抢购一空。

正当橡胶股票狂潮席卷上海之时，世界橡胶的头号主顾美国采取了限制橡胶消费政策，世界橡胶价格立即暴跌。受此影响，上海的橡胶股票交易立即停止，价格一落千丈，橡胶股票顷刻之间变成了废纸，资金损失总计在2000万两以上。外商公司骗钱到手一走了之，且受治外法权保护，无可追究；华商中像陈逸卿之类的亏空大户畏罪潜逃，亦无力清偿债务，市面一片混乱，各行各业一齐向钱庄和银行要求兑现或提取存款，大批钱庄因资金空缺而无力兑付，纷纷倒闭。与此同时，外商银行还加紧向各钱庄和各行号追收拆款，并将钱庄庄票的支付期限由原先的10天改为5天，使钱庄里的华商商业资本完全枯竭，各银钱业之间也无法通融。整个上海城陷入一片金融恐慌之中，而且波及其他城市。

在此危急关头，上海商务总会又主动挑起了挽救市面的重担。它先以中外贸易的互利关系说动在沪外商，使外商同意仍以钱庄的 10 日期票交易，并共同与外国银行团交涉，迫使银行团将缩短庄票期限的规定无限期地推迟，形同取消。接着又与上海道台一起，向外国银行团筹借 350 万两，另从上海道库款中提借 150 万两，后来又向汇丰银行筹借 200 万两，用以稳定上海金融市面，清偿各钱庄因橡胶股票投机所欠的外商银行债款。但是这些以苛刻条件所借的款项，对当时上海的金融危机来说可谓是杯水车薪，只不过稍事缓解而已，仍然有大量倒账欠款不能清偿，钱庄和银行仍然缺乏周转能力。

上海商务总会虽为维持上海金融市面而竭尽全力，但在事先不能防患于未然，在事后所采取的措施仅仅是向外商银行借款，结果也不过维持残局而已，甚至留下了饮鸩止渴的后患。于此可见，在国家丧失主权，政府软弱无能，外商肆无忌惮的状况下，单靠能力有限的商会是解决不了大问题的。

3 召开商法大会

商会作为工商界团体，最关心的事情是促进工商业的发展，除了做好内部的自治自律工作之外，还致力于营造一个有利于工商业发展的社会环境。其中最主要的是参与政府的经济法规和决策的制定。

近代中国比较全面地制定资本主义经济法规是从 20 世纪初开始的，在 1904～1907 年间，清政府已颁布了《公司律》、《奖励公司章程》、《商会简明章程》、《公司注册试办章程》、《商标注册试办章程》、《矿务暂行章程》（1907年经修改称《大清矿务章程》）、《重订铁路简明章程》、《试办银行章程》、《破产律》、《商船公会章程》、《出洋赛会章程》、《华商办理实业爵赏章程》等十几个法规。就这些法规的种类和内容而言，已涉及新式工业、商业、矿业、铁路、银行、运输、展销、商人社团和奖励政策等方面，在一定程度上改善了商人们从事经济活动的环境。

但是这些法规的制定由政府一手包办，没有商人参与；法规条文大多照搬日本和西方国家的有关法规，与中国的商事习惯不甚融洽，既不完备，也难实施。因此，这些法规仍不能完全代表广大商人的利益，也不能适应当时资本主义经济发展的需要，更没有得到切实的贯彻。当时有一位法学家曾指出清政府制定商法的弊病说：法律为保护人民而设，其保护之结果可行否，必经人民之公认而后定。商法所以保护商人，则必经商人之公认可知也。各国商业会议所，皆有提出意见，请求政府修正法律之权，彼之商业会议所即我之商会也。只有能使商会提出意见于先，才能易于得到众商承认于后。中国的商法制定，既没有商会参与，又不切实情，自然难得商人之认可，也难以实施。商人们对此种情况也颇为不满，上海商务总会曾指出：政府制定公司律、破产律，虽按文施行，但都没有效力。到了中华民国以后，还有人批评说：清政府虽模仿他人颁布商律，但是定法律的人没有法律思想，也不明商业习惯，徒有规定，不能实施。

　　清政府制定商法的这种结局，使商人们仍然感到自己处于无商法保护的社会环境之中。如上海商务总会在给全国商会的关于召开商法讨论会的函件中指出：中国因无法律，致使官吏可以任情判断，违背公理而不知其错；商事纠葛，往往涉讼至数年、数十年不决，而当事者既无一定之规律以规范其心思，旁观者亦无可据之条文而为之评判，导致官吏可上下其手，怨家多倾陷之方；中外贸易，则因外国商人有法律，中国商人无法律，尤直接受其影响，相形之下，情见势绌，因此而失败者不知凡几。无法之害，比其他国家更为严重。既感到政府制定商法于事无补，又深受无商法保护之苦的中国商人，日益认识到联合起来参与国家商法制定的重要性和必要性。

　　1907年，商会参与商法制定的活动终于开始。这年5月，上海商务总会和上海预备立宪公会合作，倡议工商界参与经济法规制定活动，并很快得到全国各商会的广泛响应，11月19日，第一次全国商会商法讨论会在上海愚园举行，出席会议的有来自全国12个省85个商会的143名代表，另有30余个商会来函表示赞成。这次会议历时两天，代表们展开了热烈的讨论，形成了比较一致的意见，对后来的经济法规建设产生了深远的影响。

　　首先，与会代表对商人参与经济立法的重要性和必要性形成了较为广泛的思想认同。代表们一致认为，商人参与商法制定有重要意义：一是由于制定商法是国家宪政建设的一个重要组成部分,参与商法制定也就是参与了宪政建设;二是能够改变华商无商法的状况,提高对外的商战能力,改善对内的商务关系;三是有利于维护商人参与商政的权利,提高商人参与商政的地位;四是可以促进和完善商法建设,提高商人的立法观念。

其次,提出和确定了制定商法的大纲。会议根据预备立宪公会商法编辑所的提议,一致决定需要编订的商法内容是:第一编公司法;第二编契约法;第三编破产法;第四编商行为法;第五编票据法;第六编海商法。由此而初步奠定了近代中国的商法体系。

最后,产生了引进西方商法与中国商事习惯相结合的立法方法。会议根据预备立宪公会提出的,中西结合制定既具资本主义商法原理又切合中国商情的中国商法的设想,决定由各地商会分别调查商情,以本国的商事习惯,结合西方各国的商法,制定中国的商法,使之能够保护本国商业的发展。这一方法,不仅得到各商会的支持和拥护,并得到很好的实施,从而使近代中国的商事立法程序开始走上科学化的道路。

会议以后,预备立宪公会与商会分工合作,由预备立宪公会负责商法编写工作,商会负责商事习惯调查事务,并由各商会推选一人作为商法草案评议员。通过两者同心协力的努力工作,到1908年12月和1909年12月,《公司法》和《商法总则》的草案先后完稿。

1908年12月19日,预备立宪公会和上海商务总会召集15个省区76个商会的代表,在上海举行第二次商法讨论会。会议对《公司法》草案进行了逐条逐章的商讨,经修改后一致通过,并推举两位代表进京,将商法草案送交农工商部,该部随即采纳了这两个草案,并于1910年稍作修改后,作为《大清商律草案》报请资政院审议颁布。后来虽因辛亥革命爆发未及颁布,但为中华民国成立后的经济法制建设做了准备。

4 开展商人外交

中国商人与外国商人的私人交往虽然早已有之,但是有组织的带有商人外交性质的交往则是商会产生以后的事情,1910年,中国商会接待了日本和美国两个国家的商会访华团,这是中国商人与外国商人的最初外交接触。

日本商会访华团,于1910年5月12日从朝鲜进入中国,先后访问了安东、奉天、大连、营口、天津、北京、汉口、南京、镇江、苏州、上海和杭州等城市。该团成员12人,其中8人是日本各重要商会的会头、副会头和议员,4人是日本四家大企业的首脑。美国商会访华团到达中国的时间是同年9月15日,其成员由美国太平洋沿岸各城市商会的代表组成,除4名工商企业家外,其余19人均系各商会的会长、副会长、会董和会员。该团先后访问了上海、杭州、苏州、南京、镇江、九江、石灰窑(黄石)、武汉、北京、天津、烟台、福州、厦门、广州等城市,历时40余天。在中国商会与外国商会的这两次交往活动中，中国商人处于被动的状态。从表面上看这两个外国商会访华团是应中国商会的邀请来访的，实际上中国商会的邀请书都是在对方的再三要求下发出的。中国商会对美国商会访华团的邀请书是在上海大来洋行行主、美国旧金山商会副会长罗伯特·大来的多次策动下发出的。1908年11月，大来在率领美国商会代表团访问日本之后顺道来上海视察商务，乘机向上海商务总会介绍了美国商会代表团访问日本的情况，并提出访问中国的要求，但没有得到上海商务总会的回答。1909年2月，大来又来中国调查商务，分别访问了上海商务总会和汉口商务总会，讨论了如何由汉口商务总会和上海商务总会合作，邀请美国商会代表团来中国访问的问题。这次才得到了上海商务总会比较明确的答复，同意向他们发出邀请。日本商会组团来华访问的要求也提出于1908年末。到1909年2月，日本驻上海总领事馆事务代理会见了上海商务总会的总理和协理，并提出希望能像邀请美国商会访华团那样邀请日本商会访华团来访。于是上海商务总会才出于压力而勉强答应邀请日本商会访华团。

中国商会在接待外国商会访华团的过程中，也反映了他们试图与外商建立平等互利经贸关系的愿望。这首先表现在中国商会接待日美两国商会访华团的不同态度上。日本商会代表团来华访问是由日本政府决定和派遣的，其目的，除了企图开拓中日经贸关系外，还负有奉政府之命，联络中国政府的使命，企图通过与中国官方和商会两方面的接触，进一步实行对华经济扩张。这种动机，加之日本自甲午战争以后对中国的赤裸裸侵略行为，使中国各商会极为反感，很不愿意接待他们来访。在日本商会代表团即将来华访问时，北京、天津、长春、上海、杭州等地的报纸均主张不可接待，各商会认为日人此次来华访问，名为调查我国之实业，实则扩张已国之权利。上海商务总会迫于政界的压力，才勉强作出解开僵局的姿态，邀请日本商会访华团来访，并在政府的指派下接受接待任务。

与日本相比，美国商会访华团的目的较为单纯，他们不带官方色彩，既不受美国政府委托，也不通过官方联系，而是由太平洋沿岸联合商会自行联系和组成。他们的访华目的完全是为了开拓对华贸易和资本输出。他们的访问活动也集中于工商实业界，以与商会和工商界人士座谈和参观工商企业为主。加之当时美国的侵华行为比较隐晦，其退还庚子赔款、率先承认中华民国的举动，也使中国商人觉得美国人比日本人友好，是一个可以"依为外援"的力量。他们认为通过与美商合作，不仅可以利用美人的资本以兴实业和铁道，而且还能以此与日本这一强邻相较量。因此，中国商会在接待美团时显得比接待日团要主动热情得多。在美团即将来华之前，上海商务总会就代表各有关商会向清政府外务部提交了接待计划，要求政府拨款支持，并通知各商会做好接待准备。从美团到中国的第一天起，就由上海商务总会派著名会董沈敦和为陪访专员，每到一地都得到当地商会的热情接待，互相讨论商务问题。这种不同的态度，说明了中国商人欢迎与外商建立平等互利经济关系的意愿。

其次表现在中美商会的合作项目筹议中。这次美国商会代表团在中国访问期间，经过与中国商会多次商谈，拟定了几个合作项目，从中体现出中国商人力图与外商开展平等互利经贸合作的行为意向。

第一个项目是筹建中美银行。该行额定资本为1000万元，由中美双方各出一半，在中国政府度支部和农工商部注册，总行设于上海，分总行设于旧金山。中美双方各举董事7人，再从中各推总理1人、分总行经理1人、查账员3人，办事权限彼此平等。从这些章程条文看，该行具有双方平均分担义务、权利和责任的特点。这在当时的中外合资银行中从未有过。

第二个项目是筹建中美轮船公司。公司预定资本为60万元，中美各出资一半，在中国注册，作为中国公司，设总公司于上海，并规定经营活动一切均照中国公司律办理。董事会成员中美商3人，华商5人，查账员中美各1人；还声明：所订购轮船未到上海之前，应付造价暂由美方发起人大来承担，在股本招足后再照数拨还；公司所有轮船凡行驶外洋各地都由大来洋行代理。这些规定，比中美银行更显得对中方的优惠。

第三个项目是筹设中美商品陈列所和互派商务调查员。该两个项目也是在权利对等的条件下进行的。中美双方以相同的方式和规模在两国互设一个商品陈列所，互派商务调查员，并以同等之礼节和方式招待和帮助对方的商品陈列所和商务调查员。后来还规定，商品陈列所既由两国之商会联合会发起，则一切创设布置经费及管理诸权，应归两国商会联合会各自担任。

这些在章程上体现平等互利原则的合作项目的拟定，使中国商人受到很大的鼓舞，有人评论中美轮船公司说："高悬龙旗，行驶欧美各国，为中国航业第一次发现于大西洋、太平洋、地中海、印度洋之创举。"上海、广州、汉口、天津、北京等商会均欣喜地认为："若中美银行成立，庶与在沪各外国银行伯仲，而我国商界既同处于主人之列，则周转市面，酌盈利虚，实为振兴商务莫大之利。"广州商务总会总理郑观应也在给该会的信中说：此三事如能美满达成协议，关系于中国商务之前途甚大，而且与以后中美邦交的进一步巩固关系重大。

由此可见，当时的中国商人是多么希望能与外商建立平等互利的经贸关系。尽管这些平等互利的原则仅仅是章程上的东西，与后来的实际并不一致，有的没有实现，有的完全相反，但这并不能改变中国商人企求与外商开展平等互利经贸合作的愿望和行为取向。不过，由于中国处于半殖民地半封建的社会和中国商人自身力量的不足，良好的愿望最终不免变成可悲的结局。

四　初登政治舞台

1　插足立宪运动

商会虽然以保商、振商为宗旨，但是也希望有一个有利于经济发展的政治制度和社会环境，因此对政治变革和社会时局颇为关心，也从自己的利益得失出发，自觉或不自觉地参与各种政治活动。在清末的几次规模较大的政治运动中都可以看到它们的身影。

商会诞生以后所遇到的第一场政治运动是君主立宪运动。1906年9月1日，清廷迫于内忧外患和立宪派的呼吁，正式宣布实行预备立宪。清廷的预备立宪上谕一颁布，立即得到商会的拥护和赞扬。上海商务总会率先表态，与上海商学公会联名致电农工商部，对预备立宪表示欢欣鼓舞，盼望早日实行；紧接着又于9月5日通电天津、苏州等商务总会，告知上海商学两界准备于本月21日悬旗庆祝，希望其提倡照办，并转告学界。天津商务总会积极起而响应，就在这一日一律悬旗结彩祝贺，全市欢歌。苏州商务总会也立即布告商学两界准备庆祝。21日那天，城厢内外的商家都高挂龙旗，张灯结彩，欢声雷动，庆祝预备立宪。商务总会还招集全体会员开庆祝大会，演说立宪意义，终日欢宴。

此后，商会很快以实际行动投入这场立宪闹剧之中。当张謇、郑孝胥、汤寿潜等江浙立宪派名流筹建预备立宪公会这一全国性的立宪团体时，上海商务总会总理曾少卿做了不少协助工作。1906年12月预备立宪公会正式成立，新当选的上海商务总会总理李云书、协理孙多森，以及议董徐润、周金镳、朱葆三、苏葆笙、虞洽卿，会员荣宗敬、荣德生、郁屏翰、夏粹方；沪南商务分会的总理王一亭、议董李平书等上海商人领袖，分别担任了预备立宪公会的会董或会员。苏州商务总会的总理尤先甲、杭州商务总会坐办金承卜、嘉兴商务分会的总理高宝铨、锡金商务分会的协理孙鸣圻和坐办华文川、海门商务分会的总理刘燮钧、王店镇商务分会的总理张棣等人，也都加入预备立宪公会成为会员。到预备立宪公会在各省设立分会时，各地的商会也都予以积极的支持和配合。

商会还积极支持和参与了地方自治活动。1905年当预备立宪呼声四起之时，地方自治运动亦乘势而起，成为预备立宪的一项重要内容。在这一活动中上海商务总会是表现突出者之一。7、8月间，上海商务总会和沪南商会的一些重要成员，如郭怀珠、李平书、叶佳棠、莫锡伦等人，鉴于列强侵权日益严重，国家主权不断旁落，市政状况愈益衰败，首先提出创设上海总工程局，从整顿市政入手建立自治之基础。这一倡议立即得到上海道台的赞同和批准。11月11日，上海城厢内外总工程局正式成立，由上海道台授予其办理所有马路、电灯以及城厢内外警察等一切事宜的权限，使之成为一个除地方当局之外的代行部分行政职权的地方自治机构。总工程局由绅商代表组成，内设议事会、参事会，行使权力。

上海商务总会虽然没有直接出面发起总工程局，但是商会的许多重要成员担任了总工程局的领导职务。总工程局第一届主要领导人中，由沪南商会会董李平书任领袖总董，上海商务总会的总理曾少卿、协理朱葆三、会员郁怀智、莫锡伦任办事总董。在第二届主要领导人中，除李平书继任总董，曾少卿、朱葆三改任名誉董事外，增补新当选的商务总会协理李云书和议董王一亭为董事。1910年，总工程局改称自治公所后，领导权继续掌握在商会要员手中，李平书继续任总董，莫锡伦、王一亭、顾履桂任董事，朱开甲、苏本炎、叶逵、朱得传等商会会董任名誉董事。总工程局的这种领导成员结构，充分体现了商会对总工程局的支持和影响。

苏州商务总会对苏州地方自治活动的领导和支持也是很突出的。1909年6月，苏州商务总会会董、自治研究会成员施莹，向苏州商务总会、江苏苏属地方自治筹办处，以及府、县地方衙门提出，在市中心商业区观前街地区成立"市民公社"，负责自我管理该地区的卫生、保安等事宜。这一请求很快得到有关官府的赞同和批准，"苏城观前大街市民公社"正式成立。

此后，其他街道也仿照观前街相继成立市民公社，使这种以街区为范围的基层自治团体在苏州很快普及。每个市民公社，都设有评议部、干事部、经济部（或会计部）、庶务部、文牍部（或书记部）、消防部等办事机构，分工负责各项事宜，具有较强的自治能力。

在市民公社的成立和活动中，苏州商务总会起了较大的领导和支持作用。先后成立的27个市民公社，有26个是由商会转呈有关官府批准创办的。市民公社的领导成员选举，一般都邀请商会派员前往监选，选举结果也呈报商会备案。与官方的交涉事宜，大多请商会转达陈报。许多市民公社的干事、会长，大多由商会重要成员兼任。如观前街市民公社的第一届职员中，干事部的施莹、评议部的倪开鼎、调查部的黄驾雄等人；渡僧桥四隅公社的发起人和主要职员韩庆澜、苏绍柄、蔡廷恩等人；金阊、道养、胥江、阊门马路等公社的主要负责人洪毓麟、沈束璋、季厚柏、刘正康等人，都是商会的会董或会员。据统计，可以查明的15个市民公社197名历届正副社长中，商人占169名，他们中的绝大多数与商会有着密切的关系。因此，苏州商务总会实际上已成为市民公社的直接领导机构。就是官府也承认这一事实，如官府下达给市民公社的事项都经由商会转达。苏州巡警道还在给商会的照会中说：贵会在市面繁盛之区鼎言劝导，组织市民公社多处。这表明其承认商会在组建市民公社中的领导地位。

广东商务总会也参与了广州地方自治团体的组建

工作。1907年，一部分广东商人，鉴于世界商战日剧，外国资本侵入中国亦日多，清廷只知重贵（即地位高贵的人）崇文（即士大夫），轻工（即工业）贱贾（即商业），因而决意联合起来，共图在商业组织中有所进展，并企图借此组织力量，按步实现其拓展财货、扩商权，进而参与新政、兴商富国的宏愿。于是成立了粤商自治会，统筹办理本省之内的地方自治事宜。会中设立议事会、董事会、干事会，以三权分离的立宪政治方式行使职权。

由于粤商自治会经济自治目的较强，在其发起之初与商会有着较为密切的关系。它的主要发起人和主持人陈惠普、谭荔垣、郭仙洲、陈竹君都是商会的重要成员。其他发起和主持者中大多也是商界人士，如李戒欺是商人、铁路公司股东；陈基建是商人；朱伯乾是烟丝业商人、南海大信银行股东；岑家礼、唐拾义是成药商人；黄焕庭是航运业商人；谭民三是百货业商人；胡端峰是牙粉制售商人。这些发起和主持自治会的商会成员，虽然后来因与商会主要领导者政见不一而发生矛盾，使自治会和商会之间没能很好配合，但不能不承认商会在自治会成立时期予以的支持。

参加国会请愿

正当绅商们的筹备立宪活动日趋高涨之时，清廷却感到惊慌不安。因为清廷原本无实行立宪的真意，只是以此作为搪塞社会舆论、平息民情的一种手段。

当绅商们要求实行立宪的呼声日益高涨之时，清廷先是严词恐吓，继而于1908年8月27日宣布以9年为期召开国会，实行立宪，并抛出了一个《钦定宪法大纲》，试图借立宪之名，行变相专制集权之实。清廷的这种欺骗行为激起了立宪派的极大愤慨，他们决定在全国范围内组织国会请愿活动。1910年1月中旬，立宪派发动了第一次国会请愿，这次请愿活动的参加者仅限于各省谘议局代表，主要是绅学两界人士，商会虽对国会请愿之事很有热情，但没有受到邀请，只是做了一个热情的旁观者。

第一次请愿失败以后，请愿活动的组织者才感到需要有经济实力、人数众多的商界的支持，于是在组织第二次请愿时，便极力邀请全国商会派代表参加请愿活动。在请愿活动的组织者国会请愿同志会的促动下，有不少商会积极行动起来，响应和筹备第二次国会请愿。

2月19日，天津商务总会邀集永平七属商会总理、商董等数十人开会，议决由天津、永平、保定商界发起，号召全省商界到津开大会，选举代表参加国会请愿；又于25日决议，直接上书清廷，要求速开国会，并函请各省商会继续请愿。

同日，北京商务总会召集商界开会，请前一次的请愿代表到会演讲。与会商界人士，听了演讲者所说的国会请愿决不能中途停止，请商界全体赞成作为后盾这番话后，热烈鼓掌表示赞同，甚至有人断指割臂以示决心。

3月16日,南京商务总会与江苏省谘议局联合开会,共商组织本省国会请愿同志会事宜;第二天,又邀集全省各地商务分会的总理开会,选出两名代表参加请愿。

3月下旬,江西景德镇商务总会致电上海商务总会,表示:商界为国民大部分,自应"再接再厉",参加国会请愿,并请求上海商务总会联合全国各省总分商会成立正式请愿机关,合力要求清廷速开国会。

3月底4月初,负责筹建全国商会联合组织的华商联合会筹办处,起草刊发了《为国会事公告海内外华商联合请开国会书》,竭力动员海内外华商商会参加国会请愿。这个公告书从五个方面说明了商界参加国会请愿的必要性:参加国会请愿是立宪国民应尽的义务,商界为国民之多数,理应参加请愿;欧美各国商业所以发达,是因为有政府重视工商界,有公司以补助,有领事以维持,有专利以提倡,有法律以限制,而这一切都源出于国会,因此中国若要振兴实业就必须设立国会,商界欲谋自身之权利就应该参加国会请愿;社会各界请愿同人如此重视于商界,商界如不参加就有负于人;筹备立宪以来的各项举措,已给商界带来了不少好处,理应继续请开国会;华侨商界,既是中国商界的一部分,又可以用其在国外的所见所闻,充分说明设立国会的重要性,更应参加国会请愿。

华商联合会筹办处还草拟刊发了《拟海内外华商联合请开国会书》,从内政、外交、经济三个方面论述了尽快召开国会的必要性。文中指出:中国内政不修、外交失败、经济落后，都是由于无国会的原因。无国会则无督促政治之机关，无抵拒外界之能力；无国会则官与商难以合作，商界难以联合，侨资难以吸引，恶税难以整顿，对外无应商战之能力，对内无兴实业之良策。凡此种种，若不速开国会，不合举国人民研究而讨论之，中国绝无富强的希望。这一文件为后来正式递交的商会国会请愿书提供了最初的蓝本。

5月18日，上海商务总会与沪南商务分会、松江商务分会联合召开会议，共同推举身兼总会和沪南分会会董的沈缦云为国会请愿代表。22日，上海商务总会、华商联合会、预备立宪公会等15个团体开会，隆重欢送上海商务总会代表沈缦云、苏州商务总会代表杭祖良进京参加请愿活动。欢送场面十分热烈，上海商界同人齐集盛装恭送，工商学各界组成的近千人送行队伍，不断高呼"国会万岁"的口号。

6月初，商会请愿代表和各界请愿代表陆续抵达北京，形成了一支150余人的请愿大军。在正式请愿的前几天，商会请愿代表沈缦云先拜访了一位军机大臣，他们就立宪问题进行了一番对话：

某军机问：各省均有代表到京乎？

沈缦云答：近20省，人数亦不少。

问：商会与商界有何关系？

答：关系极重。

问：商民亦作（认为）国会开，负担更重乎？

答：剔除中饱，化私为公，何重之有。

问：9年筹备已届3年，曷（为何）勿静待？

答：各省督抚大率因循蒙蔽，恐90年亦难如期筹备。

问：曷勿监察督促？

答：小民无权。

问：不有谘议局乎？

答：政柄不属，空言无补。

问：国民之程度如何？

答："国民程度未到"是反对宪政之口头禅，实则立宪国之国民亦未必尽有国民之程度者，不能以少数概视多数也。

这次对话就此结束，没有什么结果。接着，沈缦云又谒见了首席军机大臣庆亲王奕劻，再次就立宪问题进行了对话：

某相（奕劻）问：子（你）来为国会乎？

沈缦云答：是。

问：谈何容易。日本立宪俟至20余年始得实行，岂我国人民之程度较日本为高乎？

答：日本当时，国不知立宪之为利为害，故迟回审顾。今吾国已见日本立宪之成败，有利无害，何必迟疑。既有9年筹备之明诏，何不缩短期限，以慰天下人民之望。

问：子不见各国立宪之历史，岂一呈一奏所得而请求之乎？

答：不革命，不流血，足见吾国之文明。

问：国会能否速开，朝廷自有权衡，断非人民所得而要求之。

答：各国之立宪，无不自人民之要求而得者。

问：此风不可学，吾不谓然。

此次对话又以毫无结果而告终。由此可见，清廷并无提前实行立宪之意。

16日，各省各界请愿代表80余人前往都察院请愿，递交请愿书10份。其中商会请愿代表递交的请愿书有3份，分别是：《各直省商会国会请愿代表沈懋昭等呈请代奏书》、《江苏苏州商务总会代表杭祖良、上海商务总会代表沈懋昭请速开国会书》、《南洋雪兰莪26埠总商会国会请愿代表兼澳洲华侨代表陆乃翔上政府书》。

第一份请愿书从四个方面指出了国会与振兴工商实业的关系。第一，世界各强国都设有国家银行，作为全国的金融机关和国家的金库，不仅以此吸收全国的金融纳于其中，势力雄厚，而且能够调剂金融市面。中国亦应设立国家银行。但是，作为全国的金融总机关，必须要由代表全国人民的国会监督，如果无国会之监督，为之担保，朝廷究有何法能维天下之信用，能吸收一国之金融尽纳之于官立银行而操纵之？第二，一国商业的兴衰与国家的商业政策关系重大，而商业政策的制定和执行必须要有国会的协赞和监督。世界各国工商业的发展，国家或给以资金补助，或进行必要干涉，或实施保护措施，而这一切都经过国会裁定。中国则不然，应补助不补助，应干涉不干涉，应保护不保护，听其自生自灭，甚至剥夺贸易之自由，束缚商人之手脚，抑制商人之心志，阻碍交通之发达，这一切都是无政策之故，无国会所以无政策。第三，商业发展与否，税法至关重要。各国租税都由国会承诺，所以应增应减、应免应缓，都由国会决议，而且视民生日用之需和供给情况而定。中国则不然，有应征收而反漏免者，有应蠲免而反重征者，有日用品应轻征而反重征者，有消费品应重征而反轻征者，这种颠倒失据的税法，没有国会何以能正？更有甚者，收税机关不善，官吏贪污，职员欺诈，国家收入不能十得其一，这种舞弊行为，没有国会何以能革？第四，对外贸易的胜败与进出口税直接相关。各国的进出口税额都由国会决定。中国不仅没有关税自主权，而且在关税签约和谈判中，大臣无咨询之实，商人无过问之权；大臣一席之谈，商人数世之累，洋商处处便利，华商处处受亏，数十年来，华商已无立足地矣。没有国会，不经多数议员之调查研究，其势必至于此。在历数了没有国会对商业发展的这四大危害之后，请愿书最后指出：受此四害，焦心苦思以望国会，如饥者思食，渴者思饮，朝廷迟迟不开国会，难道不明白商力疲软则民生紧迫，民生紧迫则税源枯竭，商人命脉之所在，也就是国家命脉之所在的道理吗！

第二份请愿书，不仅猛烈地抨击了清政府的工商和税收政策，而且以较为强硬的态度要挟清政府说：

"某等承数十万商民之委托，不辞斧钺稽首君门，力求一线之生路，吁请速开国会。朝廷苟迟迟不与，则商情之涣，商业之衰，必视前此有一落千丈之势。"因此，如果等到希望断绝，人心离散，由商业衰败而牵及全国崩溃之时，则悔之晚矣！

尽管绅商如此强烈要求速开国会，但是清廷仍坚持以9年为召开国会之期，第二次国会请愿以失败告终。于是，国会请愿同志会决定进行第三次国会请愿。

同年10月，第三次国会请愿在北京发动。这时商会的请愿积极性有所减退，除了仍由沈缦云和杭祖良作为全国商会请愿代表，在名为《上摄政王书》的各界请愿书上签名之外，再未见及有商会单独出面的请愿书。在各地的声援国会请愿活动中，也很少看到商会独自出面组织的声援活动，较多的是商会配合或商会成员个人参加由其他团体发起的声援活动。这次国会请愿活动的结果，使清廷承诺在宣统五年（1913年）召开国会，比原定的期限缩短了3年。

由于商会的加入，使第二次和第三次国会请愿活动的规模和社会背景，比第一次国会请愿时扩大了许多，也体现了商会对国会请愿活动有一定的思想认同和支持态度。但是总的来说，与绅学两界相比，商会的响应不够广泛，行为是被动的，态度是软弱的。但是，不管商会及其他社会各界的请愿活动怎样坚决，要想通过请愿而让清廷在短期内自愿放弃封建专制统治制度，建立资本主义民主制度是不可能的，革命已成为不可避免的事情。

3 卷入辛亥革命

在立宪派领导绅商各界进行国会请愿的同时,以孙中山为首的革命派领导的武装革命运动也在接连不断地进行着,到1911年10月10日终于爆发了武昌起义,点燃了辛亥革命的火焰,在这场推翻封建专制制度的资产阶级革命中,商会又扮演了怎样的角色呢?

在武昌起义爆发之前,商会对武装革命是抱抵触态度的,即使在第三次国会请愿失败之后,有些像沈缦云这样比较激进的商会成员开始转向革命,但是作为团体组织的整体而言,商会并未转向革命,而是对清廷缩短国会召开期限表示欢迎。京师商、学各界,首先张灯结彩,表示庆祝。各省谘议局及商、学界团体,也有致电资政院表示感谢之意。如苏州商务总会于1910年11月5日致电资政院说:国会之事仰赖贵院扶助赞同,奉旨准于宣统五年召集,苏商全体同庆,对贵院的有力支持,不胜感谢;接着又在市中心元妙观一带,连续几天高搭彩棚,召集商民提灯游行,大事庆祝。12月14日请愿代表杭祖良返回苏州时,商会和各团体纷纷前往车站欢迎,军乐前导,列队前进,观者逾万,大有英雄凯旋之状。

直到武昌起义爆发,各地商会才在快速发展的革命形势影响下转向支持革命。在军事上,如武汉、上海的商会领导商团,协同革命军作战,消灭了负隅顽抗的清军。广州、苏州等地的商会,也积极敦促当地清朝大吏背离清廷,实行"和平光复",对革命形势的迅速发展起到了一定的推动作用。

上海商务总会所辖的商团,在上海光复中发挥了主力军的作用。11月1日,李平书等商会和商团领导人举行了盛大的商团检阅典礼,并推举日本士官学校毕业生、商团教练李英石担任商团临时总司令。3日,上海的起义部队举行誓师大会,到会者数千人,其中最整齐的是由数百人组成的商团队伍,他们全副武装,枪械精良,精神抖擞。会上当场宣布上海独立。会后,兵分两路,一路由上海革命党领袖陈其美率领民军攻打江南制造局,另一路由商团攻打上海道、县衙门。商团兵发道、县衙门,势如破竹,使上海道台和县知事闻风丧胆,弃署逃往租界,商团兵不血刃,占领上海县城。但是攻打江南制造局的那一路受到了挫折,不仅没有攻取制造局,领队的陈其美反被清军俘虏。后来李平书等商团和商会的领导人,曾对制造局进行策反,劝说总办刘士珩放弃抵抗,释放陈其美,但是遭到拒绝。于是商团和商会决定再次攻打制造局。

这次攻打制造局由商团担任主力,虽然力量对比悬殊,攻占制造局有很大困难,但是商团领导者,特别是广大商团团员临危不惧,斗志昂扬。商团和商会领导者李平书、沈缦云、叶钧惠、王一亭在讨论是否攻打制造局时,王一亭慷慨陈词:"事亟(危急)矣!进或亦死,退则必死,等死耳,与其引颈待戮,毋宁为国殉身。若事有济,则与民国前途裨益良巨。"力主背水一战。在议事厅外集合待命的广大商团团员们亦高呼:"若不发动(进攻),我等今日愿洒血阶前,誓不散归。"终于使商团领导者下定决心,发布了攻打制造局的命令。商团团员六七百人报名志愿参战,抱定破釜沉舟的决心,奋勇前进,无一反顾。

在战斗中,商团的各级领导者周密指挥,团员们英勇作战。商务总会会友李征五,以革命党同盟会会员的身份,率领数千光复军驻扎闸北以为后援。另一商会会友冯少山指挥沪西商团的马队,在战线上传达命令,侦察敌情,使前线部队与后方司令部的联系畅通无阻。商团经过英勇奋战,仅以一人牺牲、数人受伤的代价,很快攻占了制造局,从而奠定了上海光复的大局。

在财政和物资供应上,各革命和光复地区的商会大多积极支持了革命军和新政权。武昌商务总会为民军提供5万元伙食费。汉口商务总会向民军司令部助饷30万元,并表示:有急需款项,商界公摊,无不踊跃解囊相助;又推派4名议董,协助军政府筹办军粮。与此同时,议董韦紫封、刘子敬、刘歆生、李紫云、蔡辅卿、宋炜臣等联名发起国民捐,向商界募集军政经费7万余元。

上海商务总会除了为革命军和军政府筹借经费300万元之外,还通过各种渠道为革命军筹措经费。商会会董虞洽卿、袁恒之、胡寄梅等成立节费助饷会,号召各业店号捐款助饷。李征五等组织中华民军协济会,作为向民间筹饷的统一机关,准备为革命军以后的北伐筹集经费。

苏州商务总会协助军政府筹饷处动员各业商人捐助军饷，得到钱业、当业、绸缎业、酱业、西烟业等商人的响应。

广州商务总会和九善堂、七十二行一起为起义军募集军饷，在他们的号召下，土丝行认军饷10万元，某丝商代募20万，花生芝麻行商号宏远堂捐款5000元。

在维持地方治安方面，各地商会都领导商团协助军政府维持社会秩序，安定市面。汉口商务总会，在起义爆发当晚就与革命军商定保护商业秩序的五项措施：各商家一律开市；所有台票、洋钱票照常使用；各段保安会派员巡街，保护商业；各团体体操人员，都可以领枪巡街；由商会供给起义军千余人的伙食。商会还召集各行帮代表组织商团，协助军队巡缉匪徒，保卫治安。

上海商务总会，在上海光复的当天，就配合军政府担起了维持市面和社会治安的责任，商团巡逻街道，接管沪宁铁路车站，守卫各重要地点和衙署、监狱。其他如苏州、广州、无锡、重庆等地的商会和商团，也都程度不同地参与了维持市面和社会治安的工作。

商会支持和参与辛亥革命，虽然有自己的利益所在，态度也各有不同，但是他们的支持和参与，无疑是革命得以较快成功的一个重要因素。在推翻清王朝封建专制统治的功劳簿上，也应该有商会的一席之地。

五 全国商会大联合

1 华商联合会的筹建

商会自从产生以后,虽然以很快的速度普及全国,但仍缺乏彼此之间的横向联系,在整个组织系统方面,实质上是一种以商务总会为首的,以省区为单位的半封闭组织系统。这使各商会对外省区的情势了解不多,也很少参与外省区和全国性的社会经济和政治活动,与清末出现的日益扩大的社会经济和政治活动不相适应。

从 20 世纪初开始,工商界的经济和政治活动日渐跨出本省本市的范围,而日益增多地开展跨省区乃至全国性的活动。如创办资本和业务关系跨越几个省区和全国的银行、保险公司、铁路公司、矿冶公司等大型企业;发动数省合作的收回利权和抵制美货运动;发起全国联合的制定商法、国会请愿,以及邀请和接待外国商会代表团来华访问等活动。工商界的这些大规模经济和政治活动,几乎都受到了商会组织系统局限性的不利影响,从而使一些商务比较发达地区的工商界人士首先产生了联合全国商会成立全国性商会的想法。早在抵制美货运动结束后，就有人提出了加强扩大商会组织的建议，有的主张普及商会组织，以联合统一的办法实施督促和保护工商业的职责，有的提议以省为单位建立商团，以便兴利除弊，保护利权。

稍后，到1907年时，上海商务总会议董江义修撰文指出：商会虽多成立，但声气仍未完全沟通，商人见识有限，行为盲目，所办事业往往不合事宜，致使对外的竞争落后于人，对内的竞争也每况愈下。上海商务总会总理周金箴和协理李云书也向商界发出呼吁说：商与商集合而组成商会，这在今日已收明显效果，亦为众所周知。如果会与会相联而成大会，效力之大必有十百倍于今日之商会。以积极言，则权利之请愿，实业之发达，力厚而事易举；以消极言，则外力之侵略，官吏之压制，联合对付而势不孤。

1907年冬，由上海商务总会等发起的全国商会商法讨论会，原本虽只是一次全国商会联席会议，结果却成了产生全国商会联合会的契机。会议除了讨论商法草案外，还形成了由海内外全体商会联合集资创办中国华商银行的决议，并因考虑到制定商法和筹建华商银行与海内外华商均有密切关系，必须要有一个全国性的机构具体负责筹办工作，又议决仿照西方国家全国商会联合会的形式，筹建中国的全国商会联合会，委托上海商务总会和新加坡中华商务总会负责筹办。上海商务总会在接受委托之后，一面起草华商联合会章程，一面创办了《华商联合报》，宣传全国商会联合起来的必要性。全国商会联合会的筹备工作由此展开。

1909年12月，第二次全国商会的商法讨论会又在上海召开，上海商务总会向大会提交了拟就的"华商联合会章程"，初步规定了华商联合会的组织性质和任务。章程规定：本会系联合华商之商务总会、商务分会或商务分所，以及由商会和商人所组织的其他工商团体而成。其宗旨是：甲、作为加入本会各商会和团体的总联络机关，设法联合未入本会的各商会及团体；乙、谋商会办法统一；丙、调查华商商务，图谋公共利益，去其阻碍。会议经过认真讨论，不仅一致通过了章程，而且议决在上海商务总会主办的《华商联合报》馆内设立"华商联合会办事处"，作为专门筹备机关。

在华商联合会筹备期间，上海商务总会和华商联合会办事处，为促成全国商会的联合做了大量的工作。首先在1909年3月创办了《华商联合报》（1910年2月改称《华商联合会报》），作为向工商界宣传联合的喉舌。该报以宣传联合商界，振兴实业，唤起商人爱国心为宗旨，声称"将以联合吾华商，共尽其爱国之心力，以富强吾国"为己任。其所刊登的内容，上自国家一切商政，下至社会营业情形，兼及五洲各国商市竞争之现状，以及名家译著、达士访谈、各业章程等，力求沟通上下内外之商情，唤醒商界，启迪商智，务必使海内外华商都知道联合主义。它告诉工商界，中国之贫弱在于实业之不发达，而实业之不发达的根源之一是商界之不联合，商情之不通达，只有全国工商各界联合起来,一致对付外来的政治和经济侵略,共同发展本国经济和政治力量,才能使国家富强起来。其爱国救亡之热情,跃然纸上。该报还担当了全国商会的信息沟通中心,积极主动与各地商会联系,各地商会遇有重要事情也向它反映,在创办不及一年时间中,就与300多个商会函电往来两三千件。该报的广泛发行,对工商界的加强联合意识、促进信息交流、增进彼此了解、沟通思想感情,都起了重要的作用。

华商联合会办事处还时常动员和引导全国商会进行一些联合活动。在清末的币制改革事件、收回被外商侵占的铜官山矿权事件、声讨九江英国巡捕击毙华人事件、组织"筹还国债会"反对外国"监理中国财政"事件中,办事处通过《华商联合会报》,除了经常报道各地的活动情况、刊登各地商会的有关函电外,还以编者按的方式作评论、发号召。如在刊登天津商务总会的《筹还国债公会启事》时,该报加按语道:凡我国同胞无一人不负国家外债之责任,希望海内外商会诸君子协助天津商会,以振中国四万万同胞之民气。从而使许多商会起而响应,形成了一个颇具规模的运动。至于华商联合会办事处在国会请愿运动中的作用,从上文中已见及。华商联合会通过这些组织活动,既促进了全国商会的联合意识,也提高了自己在全国商会中的地位。

经过办事处的努力工作,各地商会报名赞同成立华商联合会者逐渐增多。1909年12月,召开第二次全国商会商法讨论会时,仅有十几个商会表示赞同,到

1911年7月，已有270余个商会表示赞同。于是，办事处决定拟于下半年召开全国商会代表大会，正式成立华商联合会。但是不久辛亥革命爆发而被迫中止。华商联合会虽因客观条件的影响未能如期诞生，但是它的胚胎已经成熟，为中华民国成立以后中华全国商会联合会的成立做了充分准备。

2. 中华全国商会联合会的成立

中华民国成立后，建立全国商会联合会之事又很快提上日程。1912年6月，汉口商务总会向上海商务总会重新提出此事，得到上海商务总会的赞同。然后，这两家商会一面拟订《组织大纲》，一面致电天津、奉天（今辽宁）、重庆、广州等各大商会征求意见，得到一致赞同。11月，民国政府工商部召开全国临时工商会议，全国各主要商会代表云集北京。会议期间，上海总商会代表王一亭和汉口总商会代表宋炜臣、盛竹书三人联络与会的45个商会的代表，开会商讨组织全国商会联合会事宜，获得一致赞成，当场议决，成立"中华全国商会联合会"，设本部于北京，以上海总商会为总事务所，各省各侨埠设立分事务所。12月20日，获工商部批准。上海总商会推举会长周金镳、副会长贝润生和王一亭为总事务所总干事，于1913年1月18日任职，上海总事务所宣告成立。到1913年8月，全国已有江苏、直隶（今河北）、江西、云南、浙江、黑龙江、四川、山东、安徽、吉林、甘肃、陕西、河南、贵州等 14 个省的商会联合会分事务所成立。1914 年 3 月 15 日，在上海召开第一次全国商会代表大会，正式宣告中华全国商会联合会（以下简称商联会）成立。

商联会以促进工商业发展为己任，其发起书声明它有四大目的：第一，沟通商情，便于联络商人，调查商情；第二，协助和督促政府施行资本主义的经济政策，如参与商法、商税、商约的议订；第三，便于国内外商人共同研究国内外商情，加强与外资的竞争能力；第四，合力抵制外国侵略，保护华侨。其章程明确规定："本会以联合国内外商人所设之商务总分会所，协谋全国商务进步发达，辅助中央商政之进行为宗旨。"按照章程规定，它的活动包括以下九个方面内容。

调查商情。对各地的产物、商情和各国商情，或由本会派员前往调查，或由当地商会自行调查，按月上报，编成中国商务汇报，按月刊出。

发展商业。劝说商人集资创办工商实业，设法扩展国际贸易。

振兴商学。选派富有商业经验者出国留学，筹办和推广高等、中等和初等商业学校及商业补习学校。

维持商务。对全国各地出现的金融事件、产品不良、转运困难，均由本会设法维持和改良之。

辅助商政。对政府的工商业政策，赞助其良者，劝阻其劣者，并为政府提供商务咨询。

议订商法、商税和对外议结商约。调查有关具体情况，提供政府参考，征集商界的意见，提交政府采纳。

裁判商事纠纷。调查和处理一切商务纠纷。

展销商品。设立商品陈列所，陈列本国产品和外国的新式产品，以供互相比较，促进本国产品改良。

其他一切商业事务。

商联会有比较健全的组织结构，它的成员包括全国各地商会的职员和会员，只要各省事务所将他们的姓名、籍贯、年龄、住所、职业等情况列册上报，即可作为其会员。因此，它的会员遍及全国，总数达20余万，是当时全国规模最大的工商界团体，此后也没有哪一个同类团体能与之比拟。

商联会的组织系统，分为商联会总部、商联会各省事务所、各省总商会三级。在通常情况下总部与全国各级商会之间的联系，通过这三级机构传递，在特殊的情况下总部也直接与各省总商会相联系。各省事务所是商联会总部联结全国各商会的中间环节，因为各省事务所是商联会的法定下属和派出机构，而各省事务所都设于各省商务最繁盛、交通最便利之地的总商会内；其领导成员的组成，则由各省内的各总分商会的正副会长兼任评议员，再由评议员中选举2人担任事务所干事，由此把全国各商会的正副会长都置于商联会的下属机构之中，密切了商联会与全国各商会的组织联系。

商联会的最高权力机构是全国商会代表大会。大会有两种，一种是常年大会，按章程规定一般是每两年举行一次;另一种是临时大会,没有固定的日期,若遇有紧要事件,由会长通告,或各省各侨埠事务所之请求,就可以召开。每逢开大会之时,来自全国各地的商会代表聚集一堂,对一些重大的经济和政治问题进行充分的讨论,达成一致的认识,形成决议,然后交由会长或专设机构实施办理。大会还有选举会长、制定章程的权力。

商联会的最高行政首长是会长、副会长。他们全面负责会内一切事宜,但是不能擅行其是。章程规定:凡会中各事,会长除照章执行外,其他事件须经评议会议决,至重大事件,则必须得各地事务所之多数同意方可施行;向政府报告商事习惯及商业状况等事,必须征得各地事务所的多数同意;向政府条陈商法、商税、商约之意见,也必须获得各地事务所的多数同意;裁判商事纠纷,必须按照将来司法部颁布的商事公断处章程办理。

商联会还设有两个评议机构。一个是审议会,它是每届全国商会代表大会召开期间所设的一个临时性机构,按大会所提出的议案种类分别设立若干个,其成员由与会代表民主互选产生。它的任务是根据大会讨论的意见,详细审查和评议每一件议案,并起草决议案,然后提交大会通过。另一个评议机构是评议会,它是全国商会代表大会的常务机构,主要任务是协助会长执行每届大会的决议案,同时处理非大会期间发生的一切大小事务。它的成员由商联会各地事务所从其会员中推举代表一二人组成,这些成员各代表一方商会的利益，既对商联会负责，也对自己所代表的某一地区商会负责。它的主要职责是对大会决议之外的一切有关事项议决处理方案，提交会长执行；若遇有特别重大之事，须征求全国商会的意见才能决定处理的办法，或建议会长召开临时全国商会代表大会讨论决定。

商联会在组织活动中实行的是资产阶级民主制度，这除了表现为入会自愿，会长、副会长、评议员等领导人员由民主选举，重大事件由全国代表大会和评议会议决之外，还表现为全国代表大会代表和决议的产生过程。

全国商会代表大会的代表和决议案都是通过民主的方法逐级产生的。按照章程规定，常年大会召开之前，各省事务所要召开全省商会代表大会一次，由各级商会从其会员中选举1～3人出席会议，再从出席省代表大会的代表中选举5～15人作为出席全国代表大会的代表。与此同时，各地各级商会各自召开全体会员会议，提出自己要向全国代表大会提出的建议和要求解决的问题；然后在商联会各省事务所召开的全省商会代表大会上，讨论决定本省提交大会的议案。凡提交大会的议案，无论其提交者单位之大小、地位之高低，也无论其议案内容之繁简、情调之缓激，一概要经由大会讨论答辩、审议会审议、大会听取和通过审议报告的程序，然后才能形成决议。即使是由总部机关、正副会长，乃至政府有关部门提交的议案，都不能例外。

中华全国商会联合会的成立,不仅把全国的工商界联结起来了,而且体现了规模巨大、机构健全、入会自愿、民主制度等现代团体的特点,从而使近代中国工商界的组织进一步现代化。

3 力争合法地位

中华全国商会联合会成立之后,又为自己的巩固和合法化与袁世凯的专制主义展开了不懈的斗争。工商界组建商联会的行动,在1913年6月以孙中山为首的革命党发动"二次革命"之前,曾得到了袁世凯政府工商部的支持。当时的工商部由原资产阶级革命派人士刘揆一担任总长,他不仅很快批准了商联会的成立,而且加以热情的称赞,在批文中说工商界的这一举措富有远见,"深堪嘉尚",与本部的想法不谋而合,此后必能"实力进行,扩充商业,本部乐观厥成"。但是,"二次革命"被镇压以后,袁世凯在围剿民主力量重建专制统治的同时,力图缩小日益自立化的工商界势力,企图把商会的组织规模和活动领域限制在一城一市和纯粹商务范围之内,以便控制商会为己所用。

1914年初,奉天省商会联合会向袁世凯政府提出了反对现行税务制度的意见书,惹恼了袁世凯,于是这位大总统便命令农商部设法取消商会联合会,并对商会严加监督。由此引起了袁世凯政府与商联会之间的取消与反取消斗争。

在这一年的3月，商联会召开第一次全国商会代表大会时，代表们在讨论《商会法》草案中，要求增补有关商联会的条文，出席这次会议的农商部代表也当场表示赞同。但是，9月12日袁世凯政府公布的《商会法》中，只规定各省可成立商会联合会，没有关于全国商会联合会的条文，无形中取消了商联会。为此，京师总商会致函农商部，依据前工商部的批文提出质问。农商部批复道：前年宋炜臣等所呈中华全国商会联合会章程，由前工商部核准批示立案，现在《商会法》内规定之各省商会联合会已成各省单独机关。法律既经公布，根本业已变动，凡从前批准章程不在法律内所规定者，当然一律无效。这则批示不仅毫无修改《商会法》的考虑，就连以前工商部的批文也给否定了。部文下后，商联会上海总事务所就其存废问题致电全国各商会征求意见，各商会一致认为：全国商务之总机关唯全国商会联合会是赖，表示坚决反对取消商联会及其总事务所。广州总商会的回电指出：如果没有了商联会，全国商界也就失去了能够集群策群力，研究讨论，振励进行商务的枢纽，那么商务前途必致失败。主张力争商联会和总事务所的合法地位。根据各商会的这些意见，商联会上海总事务所又致电农商部，要求将商联会写入《商会法》。农商部则仍坚持原批，答复总事务所说：各省已设立商会联合会，其全国商会联合会名目不必另设，将来如有重大事件发生，由省联合会办理。企图以各省商会联合会取代全国商联会，削弱工商界的力量。此后，商联会上海总事务所因失去法律依据，不便活动，宣布一切进行事件停止办理，委托湖北省商会联合会继续联络全国商会力争全国商联会的合法地位。

湖北省商会联合会乘《商会法施行细则》未颁之机，于1914年11月24日，会同全国21个省的商会联合会电呈政事堂（即原国务院）和农商部，指出："欲联合全国之商情，振兴全国之商业，非有统一机关，合全国为一气，似不足以利交通而谋发达"，并要求在即将颁布的《商会法施行细则》中加入全国商会联合会总事务所存在办法两条：一是全国商联会以各省商会联合会共同组成之，总事务所为联合机关，凡关于全国商事范围内的事情，由总事务所执行之；二是全国商联会每年联合各省商会开会一次，其开会地点则于每年大会时预定之。但是这一要求再次遭到拒绝。湖北省商联会代表、武昌总商会会长、参政院参政吕逵先受委托，在京城向政府直接请愿，四处碰壁。他先到农商部磋商数次，与农商总长章宗祥当面商谈，得到的回答是：《商会法》系参政院议决之件，条文内既未列入全国联合会，不便于细则内加入，且细则业经呈送政事堂核定，部中此刻无修改之权。吕逵先还不甘心，接着又到政事堂磋商，结果仍以细则应根据原文，无另行加列条件之例，实难设法等数语相拒。11月28日公布的《商会法施行细则》，仍然没有关于商联会以及总事务所的任何条文。12月7日，农商部又给湖北省商联会事务所下了一个批文，明确表示：查《商会法》内规定之各省商会联合会已成各省单独机关,并无各省公组之总事务所。所拟办法第一条与法令相抵,应毋庸议;至第二条办法,为各省联络起见尚属可行,唯施行细则业奉大总统令公布,未便再请加入,应于每年开会前禀报开会省份该管地方长官详咨本部立案。这则批文较前有所让步,但仍将商联会改为临时性的全国商会联席会议,并降低为省级活动,还须经地方长官报经农商部批准,显然意在敷衍。

为了进一步联合全国商会力争商联会的合法地位,湖北省商联会事务所总干事盛竹书建议全国商联会上海总事务所,邀集就近省份商会代表,召开临时代表大会,讨论研究力争商联会的对策。商联会上海总事务所采纳这一建议,于1915年3月25日至29日,召集21个省区53个商会的78名代表,在上海举行了全国商会临时代表大会。这次大会是一次专门讨论《商会法》的会议,代表们一共提出议案106件,除了讨论商联会的存废问题之外,还对《商会法》的条文作了全面的检讨。会上群情激昂,言词激烈,最后达成共识:当前全国商业衰败,又当商战剧烈之时,欲谋商务之振兴,实业之发达,非有全国商界集合团体,为之联络,研究进行,不足以言进步,抑且"无以自存",把商联会的存废问题看做关系全国商务盛衰和商会存亡的关键之点,并形成了"商会得组织全国商会联合会"的决议。

在全国商会的联合力争之下,袁世凯为缓和矛盾,也想拉拢工商界支持其正在进行的帝制复辟活动,被迫修改《商会法》,于1915年12月14日公布。新颁

《商会法》规定："总商会、商会得联合组织全国商会联合会，全国商会联合会得设立总事务所。"至此，经过全国商会的长期努力，终于使全国商联会成为一个合法的全国性工商界团体。

在清末商会的产生和发展过程中，除了工商界的联合意识之外，政府的提倡和支持也起了重要的作用，但是在民国初年商联会的产生和争取合法地位过程中，则完全是工商界自身努力的结果。这既反映出当时的中国工商界，经过辛亥革命的洗礼，主人翁意识进一步加强，力图团结起来，以全体的力量，担负起振兴民族经济、抵抗外国经济扩张的历史使命，也反映了他们反对专制统治、追求民主政治的思想意识和行为取向。

六　为振兴实业张本

1　参与经济法制建设

商会参与经济法制建设的活动，可以以1907年和1909年的两次商法讨论会为开端，但尚未产生实际效果。中华民国成立以后，随着资产阶级共和国制度的一度建立，振兴实业高潮的兴起和商会组织的进一步发展，商会参与经济法规制定的活动益发活跃。

1912年11月，民国政府工商部召开临时工商会议，邀请全国各总商会，以及其他重要工商团体和企业的代表出席，重点讨论编定法律问题。这是商会在政府邀请下，第一次正式参与国家的经济法制建设活动，因此各商会都认真对待，不仅派出代表参加会议，而且带来了不少议案和建议。出席会议的共有45个商会的75名代表，他们不仅认真讨论了由工商部提交的各种商法草案，如推行度量衡新制案、《商会法》案，而且积极提出各种商法草案，如实行茶业保育政策案、制铁业保护法建议案、请速订商律以救时弊案、拟请速订商法公司律以资保护而图振兴案、驳正暂行矿章请速修改案等。这些提案对民国政府的经济立法和政策提出了如下两点意见。

第一个意见是要求加速经济法规的制定。他们提出,只有尽快制定各种工商法规,才能使旧有的工商业逐渐改良,使新的工商业迅速兴起。他们所提出的需要加速制定的法规包括商律、矿律、商会法、公司法、交易所法、工人法、工厂法、工会法、商埠章程、注册章程、簿记章程、小贩营业章程、外人营业章程、市场章程、拍卖章程、奖励章程、专利章程、资助章程、土货免厘章程、佣工年岁及日工作时限章程、工艺务业会章程、各专业银行章程等。

第二个意见是要求建立重点产业政策。他们根据当时中国经济发展的水平和方向,建议把棉纺织业、制铁业、采矿业、缫丝业、茶叶业、机器制造业、贫民工厂、模范工厂、实业和商业银行、商品陈列所、交易所、商场等作为重点实业,并建议政府对茶、丝、棉、铁、土布等五业免其原料进口税;对规模巨大的棉纺织厂、茶叶公司、丝业公司、制铁厂给予资本援助、补贴和保息待遇。

中华全国商会联合会成立之后,更为商会的参与经济立法活动提供了舆论和组织条件。该会所办的会报成了他们宣传经济法制思想和理论的主要阵地,大力宣传制定经济法规的重要性、方法和实施条件。该会的全国商会代表大会成了商人们讨论经济法规建设的重要议场。如在1914年三、四月间举行的第一次代表大会,着重讨论了商律、商人通例、公司条例、保息条例、国币条例、商事公断处条例、商会法等。对其中尚未颁者,请求政府从速制定颁行;对其中已颁者,详加讨论,提出修改、补充和实施意见。1915年3月的临时代表大会,专门讨论了《商会法》和《商会法施行细则》,对商会的组织建置、设会区域、行文程式等问题提出了意见,要求政府修改。

商会的这些参与活动,对民国初年的经济法制建设起到了较大的促进作用。商会对经济法规的制定和修改所提出的建议和意见,有不少被政府有关部门在制定经济法规时所采纳。如工商总长刘揆一制定的《工商政策》中,在关于推行度量衡新制,制定特许法、商标法,制定手工业者资格证明制度,阻止不正当竞争,发布职工条例及徒弟条例,修订商会法、商法、矿法等法规的条目中,都明确表示要吸取代表们所提出的建议和要求。接任的农商总长张謇,也对中华全国商会联合会第一次代表大会所提出的制定和修改经济法规的建议和意见颇为重视,表示要引为参考,选要采纳。

在实际上,政府有关部门也根据商会所提出的意见对有关法规进行了不少的修改。如1914年9月和11月公布的《商会法》和《商会法施行细则》,部分采纳了商联会第一次全国代表大会所提出的意见。经过1915年3月商联会临时大会的力争,商会所提出的意见被全部采纳。修订后的《商会法》和《商会法施行细则》根据商会的要求而重新修订的重要条文有:各省行政首府和工商业大城市可以设立总商会;在同一行政区域内，若视商情有必要设立两个商会的，报部认可后亦可设立；承认全国商联会；总商会和全国商联会，除了对中央政府各部和省政府最高行政长官行文用禀外，对其他地方行政长官行文可用公函；县级商会除了对中央各部署和地方自道伊以上行政官署行文用禀外，对县知事行文可以用公函。

对于《公司条例》，根据商会的要求和实际商情作了修改，将原定公司股份每股金额，分期收缴者至少以50元为限，一次缴足者以20元为限，改为分别以20元和5元为限，以利招徕股份；又将原定公司在开业前可付给股东年息6厘的官利，开业后只准付给余利，不准再付官利，改为开业后仍可酌情付给官利，但只能在余利中分派，不准动用本金，既顾及股东的利益，又防止公司的以本充利行为。

对于《矿业条例》，在制定时，工商部和农商部就接受了工商会议上各商会所提的建议，将清政府所颁旧矿章中的矿税额度大幅度减少。矿区税（每亩每年），贵重矿由0.42元减至0.30元，一般矿由0.15～0.20元减至0.15元；矿产税（按值抽税），贵重矿由10%降至1.5%，一般矿由3%～5%降至1%；还取消旧矿章每年提取公司余利50%归政府和土地业主均分的规定；对勘矿区每亩每年只征5分租金，免征其他税项。

对于《国币条例》，财政部接受和嘉赏了商联会第一次代表大会所提出的从速实行的建议，称赞道：该联合会讨论各端颇合事实，议决4条亦多中肯；还表示：本部现正筹备进行《国币条例》，自当集思广益，以便推行。在后来的实施过程中，财政部也对商联会的建议有所采纳。

对于其他的新颁条例和法规，有关部门也在不同程度上采纳了商会所提出的建议。如《保息条例》所规定的保息企业种类和保息额度，基本上与工商会议上各商会所提建议相合。《商事公断处办事细则》，由司法部会同农商部在各商会自定办事细则的基础上订定颁行。其他如《证券交易所法》、《典当业条例》等，也不无采纳商会所提意见之处。

商会的积极参与和民国政府工商部、农商部的广采众议，使民国初年经济法制建设得以较快而顺利地展开，各项经济法规相继出台，形成了一个涵盖工商、路矿、金融、权度、农林、经济社团、引进外资等方面的，比较完整的经济法制体系，为近代中国的资本主义经济法制体系打下了基础，也较多地体现了工商界的利益，比较切合当时的中国国情，颇受工商界的欢迎，并得以较好地贯彻实行，在较大程度上改善了资本主义经济发展的社会环境。

兴办实业教育

自1895年中日甲午战争惨败后，外资在华势力日益扩大，中外商业竞争日趋激烈，许多中国商人在与外商的竞争中或遭失败，或处于被动地位。他们总结失败的教训，深切地体会到工商科学知识缺乏是一个重要的原因，不少商会人士在商会所办的报刊和其他报刊上纷纷发表文章，宣传掌握工商科学知识对发展工商业的重要性。

首先，他们认为商战失败的根本原因是商学不兴。他们看到，20世纪初的中国工商业者，文化素质低下，所具有的工商知识只是一些口传耳闻的传统经验之谈，没有系统的工商科学知识。曾有人撰文指出说：我国的商人，在幼年所学的，大多是口传耳闻之书籍，对博奥精深的学问掌握很少，一行服贾，文字便废。所以连经商所需的，最起码的书写、计算等能力都不足，更何况从事工商业所不可少的地理之学、生物之学、制造之学、预算决算之学了。因此，这些商人又哪里能知道，哪里能做到察世情、明时变，保全本业，抵制外人的事情。凡经商之人，大部分是不学无术之徒，经营谬误，手段恶劣，非但不能与外商竞争，扩利权于海外，甚至国内贸易亦着着失败，大有江河日下之势。凡从事工业生产之人，对工业之学素不考究，所以很少能够生产出精细灵巧之物，其所生产的日常用品也多是粗疏陋俗之品。

其次，他们认为商战必须以商学为后盾。他们在中外商战的实践中已经体会到，所谓商战，实质上就是学战，因为有学识才能有智慧，有智慧才能有谋略，知广谋远才能在商战中取胜，否则难免失败。如苏州商务总会的章程指出：时至今日，所谓商战世界，实即学战世界，西方商人都从学堂毕业而出，不但以通文义、算术、历史、地理、制造见长，而且能知各国之情势。所以见识广博，不屑以招徕接待为能，以鸡虫得失为满足，真有保护本国权利的能力，所以做事从大处着眼。我们中国的商人，能力薄弱，资本微小，知识短缺，谋略肤浅，既无学问，而又虚伪自封。以无学识之人与有学识之人相竞争，其胜负可想而知。

再次，他们认识到开埠通商必须开阔知识和眼界。他们已在开埠通商以后的中外贸易实情中看到，闭关时代和开放时代的经商范围和方法已经不同，经商者必须要具备开阔的视野和广博的知识。有人指出：闭关时代，商人只观察一面，而开放时代之商业必须考察各方情势；闭关时代之商情只观本国，而开放时代之商情必须纵览世界；闭关时代之商人只取法于传统之法，而开放时代之商人必须远测其未来，只有明确这一道理才能立足于对外开放的市场之中。要使商人具有如此的远见卓识，只有大兴商学，广开商智。

最后，他们已经认识到要振兴实业必须先兴商学，开商智。他们认为中国兴办实业数十年，所以收效不大，主要是由于商业知识幼稚，老板与伙计倾轧；还在于人们缺乏兴商致富的观念，对商业持观望甚至鄙视态度。因此欲振兴实业，第一要注意于商学，养成实业之人才；第二当以开商智为先河，让人人皆知兴办实业的利害之所在，使人人竭全力以赴之。

民国成立以后，随着振兴实业高潮的兴起，工商界人士对兴商学、开商智的认识进一步加深，不仅继续强调其重要性，而且在总结前一阶段举办商学的基础上，进而探讨如何改正和完善实业人才的使用和培养问题。

上海总商会会董、著名棉纺织工业资本家穆藕初，曾指出中国实业之所以失败的八条原因，有七条是讲社会不能很好任用实业人才的。其中有一段话说：中国工厂，大抵总理一职往往属于稍有名望之人，至于此人之于此事有何学识、有何经验，不问也。即无学识经验，而此人之能否专心致志以办此事，亦不问也。总理不懂事务，而使实业失败。因此，他主张兴办实业，必须要有富有科学知识及经验者主持之，才能使办理实业较有把握。

还有人提出，培养出来的实业人才必须学以致用，不能像清末那样多去从事行政事业，而应服务于社会的实业活动。有的提出，要使培养出来的实业人才专门适应于社会的需要，那么工业学校的课程设置，必须考虑到社会的实际需要。有的认为，要使实业人才更好地服务于社会实业活动，工商界宜与学界联合，一则资本丰富，经验充足；一则学术完备，见识高远，协力共济，相得益彰，这样工商业哪有不兴之理。有的指出，要使商业学生毕业后真正发挥作用，必须以正确的方式培养和对待实业学生，要使学生注全力以研究专门科技，不可见异思迁，轻易改变专业；还要增加实习功夫，树立社会信用，掌握企业管理法；更要确立甘心操作于场厂为生产服务，不做行政界之点缀品的观念。

在这种兴商学、开商智以振兴实业的思想指导下，商会不仅常常组织工商界人士讨论这一问题，而且不断向政府提出发展实业教育的要求和建议。在民国初年的工商会议和中华全国商会联合会第一次全国代表大会上，曾集中讨论并向政府提出过许多此类要求和建议。归纳起来有以下几点。

在办学道路上提出官办与商办相结合、国内培养与出国深造相结合的途径。建议官办，官款商办者，以初等、中等和高等工商专业学校为主；商办者以商业补习学校、商务传习所、工商函授学校、商业夜校为主。对出国深造，建议官派、商派和官资商派多途进行。

在教育对象上注重于工商界人士及其子弟。设于商业大城市的商业补习学校，除应招收本地的商人分班入校补习外，还必须通知各县商会选派灵敏的商人来校学习。商务传习所分设于各基层商会，面向在职商人，向一般商民传授商事商法的普通知识。函授学校的学员资格是：凡有一定营业，不分店东、帮伙、经理、学徒及年龄老幼，只要能识别文义均可入学，数额多多益善。商业夜校之设，则旨在使商界青年利用晚上的业余时间学习商业知识。

在教育目的上旨在为工商业发展培养和提供大量实用人才。对出国留学生的选派要根据国内的需要选择学生和学科；学成归来之后，要合理使用，不能用徒有虚名的荣誉进行奖励，使之学无所用，而应当各就其所学专业，帮助其集资合股组织公司，或让其担任本省实业学校教员，以期普及实业教育。国内各工商专门学校要根据工商业发展的需要设置和调整课程，以便培养出来的学生能跟上和适应时代的需要，并应使服务于工商实业。至于各种工商补习、传习、函授、夜校等学校，则应明确宣布，以普及商业必要之知识，训练商界实用人才为宗旨。

他们的这些要求、建议和主张，不仅为清末民初的实业教育设计了发展模式，而且在当时政府、工商界以及各商会的兴办实业教育活动中，得到较多的体现。

在向政府提出建议的同时，商人们还以商会为基地开展兴学育才的实践活动，与政府和社会各界一起，共同推进了近代中国实业教育的发展。据统计，在1904年之前，实业学校寥寥无几，到1909年时已发展到254所，拥有学生16649人；到1912年时增至425所，31726人；1916年时更增至525所；1926年时更多达1518所。据笔者统计，由商会设立的有确切设立年代的学校，1911年之前有25所，其中商业学校8所，占同期全国商业学校总数的30%。

商人的实业教育活动和政府及社会各界的实业教育活动一起，共同造就了一批新式实业人才，使近代中国的第二代实业家文化素质大为提高，为民国以后资本主义经济的发展准备了人才条件。

宣传实业救国

所谓实业救国，就是主张以发展农、工、商各项实业为抵制外国经济侵略、达到国家富强的方法。这种思想产生于甲午战争之后,是针对当时外国对华经济侵略急剧扩张,中国民族危机日益严重的情况而提出的。这种主张最先为一些先进的知识分子所提出,后来逐渐在工商界中盛行起来。商会产生以后,实业救国实际上已成为它的主要奋斗目标,这除了表现为商会的联商人、保商利、兴商业宗旨和应商战目的,实质上是实业救国主张在行动上的具体化之外,还表现为商会人士和商会所办的报刊大力宣传实业救国的思想。

在清末民初,最有影响的商会报刊,当属华商联合会办事处主办的《华商联合报》和中华全国商会联合会主办的《中华全国商会联合会会报》。两报的主要宗旨和内容之一就是宣传实业救国。

《华商联合报》开宗明义就强调自己的主要目的是宣传实业救国。它的创刊号,在向读者介绍它的栏目时说:"华商联合报何为而设也?曰,将以联合吾华商,共尽其爱国之心力,以富强吾国。"说明其目的在于唤起海内外中国商人的爱国心,联合一致共振实业,致国家于富强,点出了它的实业救国内容特色。后来该报又在解释其各栏目的主题时指出:务必使阅读本报的人,了解我国的情势与商战世界有什么关系,我国的商人与商战世界有什么关系,明白只有振兴实业才是使国家由贫弱而渐趋于优势的唯一途径,这进一步说明了它的宣传实业救国主旨。它的有关文章所宣传的实业救国思想的主要内容有这样几点。

第一,实业是立国之本。这种观点认为,当时的世界形势已经改变，已从以兵战为主的时代进入到以商战为主的时代，列国倾向注集商战，经济竞争烈于军备。任何一个国家欲立足于这个时代，就必须发展实业。其列举埃及、波兰、印度等国因商战失败而亡国的历史，论证世界上凡亡国者，其原因大半出于实业之腐败，财力之消耗。与此相反，美国以工商立国，富甲天下。因此它得出结论说：只有实业才足以左右世界之大势，不但私人之自立要依靠实业，就是国家之战胜也要依靠实业。中国想要医治自己贫弱的根源，就应当向美国学习，"以工商立国"。

第二，实业是救国之方。这种观点认为，列强的经济侵略是使中国贫弱、濒于亡国的根本原因。如列强的商品倾销使中国的工商业衰败；列强的外债盘剥、战争赔款，不仅使中国的财源大量外流，而且因政府的加赋加税而使民间的财源枯竭，从而造成财政濒临破产，亡国就在眼前。因此，要使中国转弱为强，免于灭亡，就必须抵制外国的经济侵略；要抵制外国的经济侵略，就必须发展本国的经济。只有以实业问题为先导，才能使国家得以收到转贫弱为富强的效果，否则空言抵制，恐难为功。一切欲救中国于不亡的人，都应大力提倡实业。

第三，振兴实业当农、工、商并重。这种观点认为，当时人们重工商业而废农业的倾向，与以前的重农业而轻工商业一样，都是错误的。论者分析农工商关系说：进入20世纪以来，工商业固为立国之本，而农业更为工商业之本；农者工商之母也，工商者农之子也，无母不足以产子，无子不足以养母，两者都不可偏废。本者，农、工、商俱为本；重者，农、工、商俱为重。因而他们提出：要使国家富强，应当合农工商界，调和而融洽之。总而言之，想要维护工商业，就先要保农业。

第四，振兴实业当以兴商学、开商智为先河。既然实业为立国之根本，救国之良方，那么如何才能振兴实业呢？这种观点认为，中国兴办实业所以收效不大的原因，主要在于经营知识缺乏，东伙关系不洽，信誉观念淡薄，归根结底在于缺少商业知识。因此，要振兴实业，就先要办商业学校培养实业人才，办商学报刊传播商业知识。不仅使经商之人掌握经营之道，而且使人们知道兴办实业的利益之所在，人人竭全力以赴之，形成振兴实业的潮流。正是出于这种思想认识，商会及其所办的报刊都十分重视办学和传播商业知识活动。

《中华全国商会联合会会报》在创办时给工商部的呈文中说：由于国门已被打开，西方势力日益扩张，国家命脉以经济为转移，贸易取代战争而兴起。我国却因重农贱商之旧俗，人民对商战熟视无睹，处于必败之地位，而不知失败之原因；身当商战之要冲，不知竞争之原理，生产日益衰败，金融操自外人。我等商人，目睹危局，力图拯救。这明确地宣示了它的实业救国意图。

该报所宣传的实业救国思想内容，除了上述几点之外，还带有实业建国的用意。他们面对民国初年社会动荡、百业待兴、财政紧迫、外资猖獗的状况，认为只有发展实业，才能使经济界有生机，使民国建设的各种事业能够就绪，使外资的扩张受到抑制，从而稳固民国的根基；同时还指出，只有把国家的根基弄得稳固，才有经济界活动的地步，倘是国家灭亡，商业中人不但不能营业，就是一个吃饭的地方简直也没有了。既把发展实业作为强国的重要途径，又把国家的稳固作为实业进一步发展的前提。

商会所办的报刊和其他报刊一起，在清末民初形成了一次宣传实业救国的高潮，其影响非常广泛。当时有人评论说：实业救国潮流所及，"环视吾国，谋祛贫弱之病，金曰振兴实业"，人人都认识到了振兴实业能使国家富强的道理。有的评论说：通过实业救国思想的宣传，使人人都知道"非实业不足立国，于是有志于实业者项背相望"，数千年来未开风气的兴办实业活动，"一旦如此进步"。当然，就近代中国而言，实业救国最终不可能达到国家富强的目的。但是这种宣传，确为民国初年实业建设高潮的到来做了广泛的社会动员。

4 提倡国货

1895年中日甲午战争之后，中国开始兴起了创办民族工业的潮流，但是又面临着洋货和外资工业的激烈竞争，因而如何战胜洋货和外资工业的竞争便成了民族工业能否发展的一个重要问题。在20世纪初年之前，中国工商界主要采取号召民众抵制洋货的方法，为民族工业争夺市场。后来，他们看到，单靠抵制洋货，而没有本国工业产品的增加，不打开本国产品的销路，不提高本国产品的质量，不仅不能收到抵制洋货的实效，而且不能使国货占领市场，也不能使民族工业发展起来。于是他们逐渐从直接抵制洋货活动，转向以推销产品、改良产品和开发产品为主的提倡国货活动。除了工商界人士组织各种团体和机构，从事提倡国货活动之外，商会也是提倡国货活动的一个重要支持者和组织者。

首先，配合政府积极提倡国货。清政府自20世纪初推行振兴实业政策后，日渐重视提倡国货。1905年底，商部奏准朝廷颁布了《出洋赛会通行章程》，鼓励华商携带物品出国参加商品展览会，力图将国货打入国际市场，扩大华商的眼界，开发新产品。1906年10月，农工商部创设了京师劝工陈列所，征集展览国货，以达比较、改良和推销国货的目的。此后，各省地方政府相继设立劝工展览会、劝业奖进会、商业劝工会等。

清政府的这些提倡国货活动，几乎都是在商会的积极配合下展开的，或由商会传达各地商人，组织商家参加，或通过商会挑选和推荐参展物品。在此之前，中国参加国际商品展览会的物品，都委托海关税务官吏采集，其中绝大部分是传统的农副产品和手工艺品，甚至还有小脚妇女、和尚、商贩、娼妓、囚徒、乞丐、烟鬼、小城隍庙等模型和烟枪、烟灯、头枷、砍头刀、辫发等物,与外国的参展物品相比,既有损中华文明的形象,也颇遭外人取笑。有鉴于此,清政府在准备组织华商参加1911年意大利都朗国际博览会时,责成各地商务总会负责挑选参展物品,凡参展物品必须美观,并有一定销场。由于商会了解商情,又认真把关,使中国参展的物品有256种获奖,其中卓绝奖4种,超常奖58种,优等奖79种,金牌奖65种,银牌奖60种,铜牌奖17种,纪念奖6种。这是中国自1876年以来参加20余次国际商品展览会中最成功的一次。此后商会又多次组织华商出国参加国际商品展览会,都获得了较好的成绩。

在国内举办的各种商品展销会,商会的协助作用就更大了。1910年6月在南京举行的南洋劝业会,是清政府举办的一次规模最大的商品展销会,这次展销会自始至终都是在商会的积极配合下进行的。南洋劝业会虽由清政府发起,但实际筹备和组织工作有许多是由商会做的。在1908年12月清廷正式批准筹办劝业会之后,上海商务总会和沪南商会的主要负责人虞洽卿、周晋镳、李平书等,就应邀作为主要发起人和经办者,虞洽卿还担任了劝业会事务所的副会长。事务所下辖的董事会设在上海,具体负责筹款、征集展品等业务。董事会的13名董事中,有上海商务总会的总理周晋镳、议董朱葆三、严义彬、丁价侯、苏葆笙、陈子琴、祝大椿、席子佩等8人。因此,上海商务总会实际上控制了董事会,负担着筹款、征集和运送展品的任务。接着,为解决经费困难,上海商务总会承担了15万元，虞洽卿还将自己的财产作抵向上海道署借款15万元作为劝业会经费，其他商会和商人也不乏解囊相助者。各地商务总会还先期成立协赞会、物产会、出品协会，征集陈展本省市所产的各类物品，从中选择优良物品送劝业会参展，使劝业会得以圆满征集展品，如期开幕。后来，在1915年北洋政府农商部举办北京国货展览会时，商会又担负了调查和征集展品的任务。

其次，热情支持工商界人士的提倡国货活动。中华民国成立后，随着振兴实业高潮的兴起，工商界人士自发组织的提倡国货活动渐趋活跃，他们都得到了商会的有力支持。民国初年，不少城市的工商界人士纷纷组织起国货维持会、劝用国货会、国货贩贩团，设立国货展览馆、国货商店，创办国货报刊等，专门从事提倡国货活动，它们都与商会有着程度不同的联系。特别是各地的国货维持会与商会的关系较为密切。

上海的中华国货维持会和上海商务总会就有着较密切的合作关系。中华国货维持会成立于1911年12月，由绸缎、服装、典质等10个行业公所联合发起，最初的宗旨是力图用国货原料制作礼服。当时上海商务总会也把维持国货作为振兴民族工业的关键，因此对国货维持会的活动颇为关注。1912年12月，两会联合招集各业代表在商务总会召开了维持国货大会，就维持国货的重要性和具体方法展开了热烈的讨论。在1915年为农商部举办的国货展览会征集展品中，两会互助合作，出色地完成了任务。上海总商会虽然不可能较多地直接参与国货维持会的具体活动,但对国货维持会的各项工作都给予一定的配合和支持。

天津总商会和天津国货维持会也有密切的合作关系。天津国货维持会会长宋则久是总商会的会董,该会的有关国货调查报告都送交商会参考,有关重大活动都邀请商会支持,商会也无不认真对待。1916年由国货维持会倡议举办的天津国货展览会,就是在总商会的支持和合作下进行的。还有不少城市的国货维持会,更是在商会的直接支持和参与下成立的。如北京、苏州的商会都在1919年组织了国货维持会,直接领导本地的提倡国货活动。

再次,直接从事提倡国货活动。除了配合和支持政府和工商界的提倡国货活动之外,商会自己也有不少提倡国货的举措。如以在报刊上发表文章、集会演讲等方式宣传国货,号召人民购用国货;举办国货展览会,评比奖励优秀国货;设立商品陈列所,促进国货的改良和销售。其中商品陈列所是商会提倡国货活动的常设性和务实性机构,是一种较为有效的提倡国货方式。不少商会在成立之初就有设立商品陈列所的打算,但是因资力不济,难以立即付诸实践。到1915年之后,一方面受第一次世界大战所带来的发展民族工业之机的刺激,另一方面又受农商部举办国货展览会的带动,各商会相继筹办商品陈列所。

以上海总商会为例,在部办国货展览会闭幕后的第三天,就开会议决立即着手设立商品陈列所。该会在给各帮各业会员企业的公启中,指出开办商品陈列所的意义说：如果有了商品陈列所，"无论为天产，为人工，罗国货于一堂，证公论于众见，何者为优，宜益求进境；何者为次，宜速改良图；何者可以谋长久，宜保存国粹；何者可以禆仿造，宜杜绝来源。作实地之研求，有因时之改革"。最终达到工艺精良，商业舒展，发明创造，增进声誉，可以与东西各国相抗衡的功效。到1921年冬，上海总商会商品陈列所终于正式开办，并立即于12月1日举办了第一次展览会。这次展览会的参展品共计33400件，分为12个门类，基本上反映了当时国货工业的新面貌，颇受各界人士的称赞，亦引起了中外工业研究者的重视。展览会还组织了陈列物品研究会，对展品进行研究考察。在历时1个月的展览期内，参观者达6万余人次，不仅扩大了国货产品的社会影响，而且加深了各界人士的国货观念。

展览会后，商品陈列所为推广海外贸易，又增设了一个出口部，专门陈列出口货样品，以备外商选购。此后，商品陈列所除在平日照常开放，供人参观外，还分别于1922年和1923年举办了丝业专门展览会和化学工艺专门展览会，更具有提倡国货的导向意义。商品陈列所还设有售品部，通过现购、定购和函购等方式，为国货生产厂家推销产品，为选购优良国货者提供商品，从而使商品陈列所与各国货厂家紧密合作，共同努力谋求国货工业的发达。

七 参政要求

国会议席之争

在清末时期,商会已参加了一些重大的社会政治活动,但大多是作为配角形象出现的。中华民国成立后,商会除了继续参加社会各界发起的政治活动之外,也独立进行了几次颇有影响的政治参与活动。从民国初年开始的争取商界国会议席活动,是商会独立从事的第一次政治参与活动,也是一次商会争取合法参政权利的活动。

这次国会议席之争是由袁世凯政府颁布国会议员选举法引起的。1912年8月,袁世凯政府颁布了《参议院议员选举法》和《众议院议员选举法》,把选举人的资格限定为:纳直接税2元以上及不动产500元以上者。当时工商界所纳的多为关税、厘金等间接税,所得税和营业税等直接税尚未实行,因而就被排除在选举人范围之外。与此相应,在议员名额分配上,选举法只给中央学会、华侨商会等少数社团分配了一些议员名额,不给商会分配任何议员名额。选举法一经颁布，立即遭到以商会为代表的工商界的强烈反对。

1912年11月，在工商部召开的工商会议上，与会的各商会和其他工商团体的代表乘机联合力争选举权，拉开了以商会为首的工商界力争国会议席活动的序幕。他们一面向国务院和参议院递交请愿书，一面约请参议员开谈话会，提出质问；并通电各省商会和工会，宣称：如参议院不接受要求，决定全国工商各界今后无论国家、地方各捐税一概不纳，必以达到目的为止。态度十分坚决。

与此同时，全国各省商会纷纷致电全国商会联合会，要求向政府提出增添商会议员名额。全国商会联合会于1913年1月下旬通电大总统、参议院和国务院，要求从宽订定商界议员数额，克日宣布，由商联会通行全国商会，遵章选举，并指出：立国之道，要重视才智，更要重视财力，世界各国的议会选举，都是商学并重，所以能够既富又强。更何况作为共和国国民，理应有参政的权利。工商界对国家颇有贡献，却被排除在国会选举之外，着实令人感到遗憾。

不过商会要求国会议席的目的，主要还在于能够参与国家的商政。如上海总商会在讨论天津总商会等商会提出的力争商界国会议席办法时，曾明确声明：凡关于其他国政，代表商会之议员可不发表意见，服从多数；关于商政之议案，于我商界有无窒碍，则须通过代表商会之议员方能议定，以便切实可行。

商会对国会议席的要求虽然态度坚决，也有充分的理由，且强调只是参与商政，但是袁氏政权并不予以理会。

　　1914年，袁世凯下令解散国会，筹组约法会议，修订《临时约法》。这时，商会又掀起了第二次争取议席活动。1月7日，全国商联会和北京总商会联名通电全国各商会，准备继续上年争取国会议席之事，并同时致电北京政府，据理力争，指出：国会议员资格以所负租税多少为比例，商民担重大之租税，而于国家大计曾未提及，有义务而无权利；而且在推翻清王朝建立共和的革命中，商界倍受损失，牺牲独多，却得不到任何权利；商界对国家既尽如许之义务，自应有相当之权利；最后要求袁世凯准许全国商会推举10名代表参加约法会议，参与修改宪法之事。与第一次争取国会议席时相比，这时商会的参政义务和权利观念有较明显的增强，并从单纯要求参与商政发展到要求商政、国政并参。可能与商界普遍不支持孙中山发动的"二次革命"有关，这一次袁世凯没有完全拒绝商会的要求，在1月26日公布的《约法会议组织条例》中，分配给全国商联会4个议员名额，约占议员总数60名的7%，比每省2个名额多一倍。在选举人资格规定中也列入了"拥有财产一万元以上者"的条文，使一般中上层工商界人士获得了选举权。3月18日，约法会议成立，商会代表冯麟霈、向瑞琨、李湛阳、张振勋4人作为议员出席，使商会第一次获得了法定的参政权。

　　约法会议成立之后，商会继续为进一步扩大工商界的参政权而努力。在3月15日至4月11日举行的全

七　参政要求

国商联会第一次全国代表大会上，专题讨论了商界参政权问题，坚持商会应有10位议席；并提出，将来国会先行召开时，可根据约法会议的选举成案，向政府要求议员名额，企图循序渐进，逐步扩大商会的参政权。

约法会议召开以后，袁世凯开始筹组参政院，代行国会和立法院的职权。这时，商会的参政权又有所扩大。由约法会议制定的《参政院组织法》，在关于参政任职资格的规定中，有"富于实业之学识经验者"一条，这就意味着工商人士具有了出任参政的资格。当参政院在6月20日成立时，商界的参政数额达到了商会所要求的6名，他们是广州总商会的张振勋、汉口总商会的宋炜臣、武昌总商会的吕超伯、上海总商会的孙多森、陕西总商会的李湛阳、北京总商会的冯麟霈。

到1916年8月，旧国会复会，商会争取国会议席的活动亦随之复起。在8月25日至10月7日的商联会第二次全国代表大会上，河南荆紫关商会、京师总商会、吉林总商会分别提出议案，要求修改国会组织法及参议院议员选举法，在国会和各省议会中增添商会议员数额。这些议案还强调指出：现在宪法正在讨论，我们商人对于这一根本问题，不可不努力表达自己的主张，以达圆满之目的。因为商业要想发展，非有国会主持不可，想要国会主持商业，那么非有商界代表加入国会不可。这既反映了商会参政意识的进一步加强，也揭示了商人参与宪法和国会与商业兴衰的内在联系。对于商界的议员名额，有的主张国会议员中应有商界议员20名或40名，有的建议在参众两院中应由各省商会各推举议员1名；在各省省议会中应由总商会推举议员2名。会议最终形成决议：认定参议院选举法有加入全国商会联合会选举议员额40名或20名之必要，应就此向众议院提出请愿。但是，商联会的这一要求并没有被采纳。

中华民国成立以后，商会的参政意识不断加强，但是所得到的实际参政权利极其有限，与他们的要求相去甚远。这种不断强化的参政意识与实际参政地位低下和参政渠道阻塞的矛盾，到20年代初终于导致商人自立参政机构和政府的活动。

国是会议的蓝图

北洋军阀政府一方面不给工商界以必要的参政权，另一方面随意操纵国会为己所用。自袁世凯死后，旧国会虽然恢复，但其作为民意机关的性质和职能日益丧失，甚至沦为军阀争夺政权的工具。1917年6月，军阀张勋复辟帝制，又将国会解散，由此引发护法运动，部分国会议员南下组成非常国会。1918年8月，北京政府又另组"安福国会"，出现南北两个国会对峙的局面。这一切不仅使工商界人士对强权政治深感厌恶，而且对追求多年的议会政治也丧失了信心，对军阀政府和国会不再抱任何希望。于是主张不要国会，由人民直接参与、直接指挥政治，决定国家事情的

"直接民权"论和"国民自决"论,一时间盛行于民主人士和工商界之中。

《上海总商会月报》发文抨击北洋政府和国会说:我们今日所处之国家为何种国家?曰分离破碎之国家也;所有的政府为何种政府?曰不生不死之政府也。以言财政,则破产之绝境既濒;以言军政,则祸国之武人遍地;以言法律,则十年立国,国宪尚无;以言自治,则地方糜烂,群盗如毛;以言工商,则生计困难,商业停顿;以言教育,则经费窘绌,失学青年以百万计。其他如外债之日增,税收之失驭,币制之凌乱,交通之梗塞。至于国会,则以两次迁移之痛,而不能生一番觉悟之心,不以制定宪法为专职,而日以依附要人,摄取权利为能事。政府和国会既都不可依靠,那么由谁来解决国家所面临的这许多重大事情呢,他们认为只有国民自己来解决。国是会议就是在这样的氛围中产生的。

1921年10月,由全国商会联合会和全国教育会联合会联合举行的商教联席会议在上海召开。会议对自1918年第一次护法运动失败和第一次世界大战结束以来,中国所面临的重大内政外交问题进行了广泛的讨论,提出了商教两界对内政和外交的主张。会议通过了4项决议:推派余日章、蒋梦麟列席华盛顿会议,宣传中国民意;发表对内、对外两项宣言;致电各省军阀,劝告息战裁兵;通电各省议会等团体,联合组织国是会议。

所谓国是会议,就是协商国家大政方针的机构。

按照商教联席会议上的讨论及其给各省各界团体的通电，它以解决国家统一、废督裁兵、制定宪法、地方自治等重大内政问题为目的；以共和国家主权在民为依据；以联合全国各省议会、各省区商会、教育会、农会、银行公会、律师公会、报界联合会、工会等八大界团体共同集议为方式，试图组成一个较大之组织，广泛吸收民意，群策群力挽救国家危亡，集思广益谋划国家要政，以互助合作的精神，筹谋救亡的大计。《上海总商会月报》还发表题为《国是与国是会议》的文章，指出"国是会议所当决心勇往，以建设新政府为自身最终之目的"，"今日之国是会议，非国民之请愿机关，乃国民谋国家根本建设之机关也"，大有以国是会议代行国会职能的意图。这种意图，到国是会议召开之时，更显露无遗。它的开幕词公开宣称：共和国之精神，国家大计在国民自决。我国自国会解散，国民久无监督政府之机关，全国人民无从得适当之结合，以表示真实之民意。发起国是会议，旨在合全国有力团体，解决国家之根本问题。凡尊重我民意者，皆我民之友，拂我民意者，皆我民之敌。

国是会议的发起者们调子虽然唱得很高，也对自己的这一举动抱有很高的期望，但是其实际结果远未达到原来的目标。就国是会议的规模而言，原拟邀集全国各省的八大团体代表与会，以达代表绝大多数民意之目的。但是在1922年3月15日举行开幕式时，原定参加会议的21省区、12侨埠71个团体的91名代表，实际报到者只有11省区、4侨埠45名代表。在16

日召开预备会议，讨论国是会议组织大纲时，到会者仅有26人。到5月7日会议正式开幕的那一天，实到代表仅有13省区29人，不足法定数额，只得改为茶话会，直到28日幸好又来了一个省区的代表，才勉强凑足法定数额，得以正式开会。

出现这种状况，从客观上来讲，与当时直奉战争爆发，交通受阻，影响代表赴会有一定关系。但更主要的原因是不少代表面对军阀党派政治纷争愈演愈烈的时局，对国是会议的效能持怀疑态度，重视不够。有不少代表借故推辞不来，有十几位代表甚至到会以后又中途返回。有的到会代表人到心不到，不参加会议，而另做其他事情，甚或走亲访友。即使是作为会议发起者的全国商会联合会，也对国是会议缺乏信心，还对国会寄予希望，甚至还在国是会议举行期间，就对军阀曹锟、吴佩孚发出的恢复旧国会的倡议表示赞同。5月29日，国是会议发布通电说：自民国成立，十年以来，祸乱迭兴，民生凋敝，国本动摇，症结所在，实由无完全之立法机关，无完善之根本宪法。本会有鉴于此，以为非恢复六年国会（即民国六年的旧国会），制定良美宪法，不足以谋统一而救危亡。只不过在通电的末了说了几句希望国会改变以前不良行为的话，要求国会重视国家安全、人民福利，扫除当年无谓之争，适应时代潮流，尽快制定完美宪法。作为国是会议东道主的上海总商会，也并没有多大热情。如会长聂云台在商教联席会议上曾赞同发起召开国是会议，但是在上海总商会推举出席国是会议代表时，被提名的聂云台及秦润卿、汤节之、赵晋卿、穆藕初等人，都推来推去，再三推辞不就，最后通过公决才由聂、汤、赵三人出任代表。

就会议的结果而言，只发表了两个宣言，制定了一个《中华民国宪法草案》，除了陈述对时局的看法和主张之外，并没有拿出解决国家根本问题的有效措施来。不过《中华民国宪法草案》，在较大程度上反映了工商界的政治要求，在近代中国的法律文化和联邦运动史上具有一定的意义。宪法草案分为甲、乙两种，甲种11章104条，乙种10章101条，其内容实质上均属联邦制宪法。其中有关条文规定：中华民国为联省共和国。把国权和省权明确分开，计国权27项，省权15项，各得宪法之保障，特别强调国权不可侵害省权。同时也规定中央有干涉、督促、阻止各省的违宪改制、不尽宪法义务和省际武力冲突的权利；当国体发生变化时，各省应互相联合，维护宪法所规定的组织，到国体恢复原状时，各省的行动应立即停止。以此互相制约，保持民国政体之不变。宪法草案还对立法机构、总统、国务院、法院、法律、行政、国民权利和义务、国民教育与生计的组成、权限及其保障，均有明确的规定。其总体原则，在于防止强权人物的专制独裁统治，保障人民的参政、财产、教育和谋生的权利。这也反映了工商界反对军阀独裁统治，谋求本阶级政治地位的意愿。这一宪法草案还为后来的联省自治运动者所继承和发展。

当然，在军阀横行的时代里，以商会为代表的工商界想联合地方军阀实行联邦制,达到削弱大军阀的专制统治,消弭军阀混战,建立和平统一的国家的目的,既不可能实现,也不可能有效。事实也是如此,盛极一时的联邦运动,从1924年以后逐渐消失,为新兴的国民革命运动所代替,再次宣告了商会争取民主政治努力的失败。不过,商会争取民主政治的活动并没有就此偃旗息鼓,而是在国民革命运动的影响下又进行了一次新的尝试。

3 商人政府的尝试

自1921年中国共产党成立以后,国民革命的潮流日渐兴起,并逐渐影响到工商界中的激进分子。1923年发生直系军阀吴佩孚镇压二七大罢工之后,出现了工商界和平民主运动与工人运动相汇合的迹象。如上海总商会的领袖人物曾产生了这样的想法:将来全国人民至忍无可忍之时,为铤而走险之举,如五四运动,全国同心,众矢一的,共讨军阀,势所必然。

果然,到1923年6月13日,直系军阀曹锟发动政变,将总统黎元洪驱逐出京,并公然贿选总统,终于把工商界逼上了"忍无可忍"的境地。政变当日,上海各路商界总联合会开会集议,发表《对政潮重要宣言》,痛斥曹锟一伙为"亡国妖孽",并向全国提出国民自决办法三条:由全国各界发起召集国民会议,公推德望素孚者组织一国务委员会,处理国政;通告中外,誓不承认曹锟当总统,如有甘心从逆,助桀为虐,承认曹锟者，决与国人共弃之；在政局未定以前，所有国民应纳捐税，以及税务司、盐务署应拨还之盐余、关余税款，通告中外一律暂停缴解北方当局，俟国民组织之财政监督委员会成立时再行移交。上海各路商界联合会也于16日召开会议，并致函上海总商会，大声疾呼：当此乱世，舍国民自决外，更无救亡良策。希望总商会立即发起召开国民公共团体联席会议，表达真正民意。同日，25个省区的旅沪同乡会，在广肇公所举行联席会议，确定以"民治运动"为应付时局之目标，并要求上海总商会出面领导各团体一致进行。

6月17日，上海总商会在各商界团体的促动下，改变原持的谨慎态度，召开临时会董会议，讨论对付时局办法，开始担负起这场民治运动的领导角色。第二天，总商会即发布召开临时会员大会通告，并斥责曹锟政府首造乱源，指责国会廉耻丧尽，奔走权门，逢恶助虐，急切呼吁全体会员讨论大局，共谋彻底解救危局之法。

6月23日，上海总商会召开临时大会，出席大会的会员达360余人。会上群情激愤，不少会董慷慨陈词，有的说：国家现状纷乱，我商人在国民中占重要位置，尤为各方所注目，自非商议应付方法不可。有的说：总商会为各界所信赖，以现在中国无一可赖之机关，故弥觉可贵，商会有责任，也有能力挽救危局。会议最后通过四项决议：①否认摄政内阁和曹锟的候选总统资格，并通电宣布，北京政府所有对内对外一切行为，国民概不承认其有代表国家资格；②通电全国各省军民长官维持地方秩序,大局问题听候人民解决;③宣布国会议员不能代表民意,所有一切行动概属无效;④关于此外种种建设问题,组织一民治委员会,继续讨论进行方法。民治委员会,拟由总商会的35名现任会董和从会员中另选35名代表组成。

上海县商会也在25日举行了临时会员大会,对时局问题作出5项决议,除前3项与总商会持同样态度外,还决定:通电全国商会、教育会、农会、省议会、律师公会、工会,主张国民制宪;反对高徐顺济等铁路续订借款合同。

按照商界人士的设计,民治委员会的性质是一种以商人为主体的民主政府。民治委员会成立时,所规定的5项主要任务是:在中央政府中断期间,由民治委员会代表国家行使外交权力;管理国家财政;解决国内一切政治纠纷;监督各省行政;依法组织国会。显然,商人们企图自组商人政府,取代军阀政府,达到了商人参政的最高程度。

7月4日,民治委员会成立大会在上海总商会议事厅召开,会场庄严肃穆,与会者情绪高昂。会议主席、总商会副会长方椒伯首先致词,指出:民国建立10年以来,实际宰割国脉、操纵政局者,不是官僚就是军阀,真可谓官治、兵治而已。本会以达到民治为目标,以发起运动为先导,以上海商界开其先,希望各省区各界人士继其后,结合全国人民为一大团体,挽已倒之狂澜。有的会员也发言表示:希望民治委员会以救国为宗旨,不要藉此机会谋取做官;团结一切赞助民治之人，反对一切反对民治之人。

民治委员会的成立，博得了工商界和社会民主革命人士的拥护和赞扬。在民治委员会成立的这一天，上海各商店和各商业团体，纷纷悬旗结彩，以示庆祝。有的商业团体还登报表示祝贺，并希望通过民治委员会迅速组织合法政府，建设平民政权。《民国日报》发表"专评"，评价上海总商会召开临时会员大会决定成立民治委员会的行动，"是对军阀官僚宣战，是做民治运动的前驱，是抱牺牲精神的，是抱革命精神的"。

正致力于人民民主革命的中国共产党人更对此给予高度评价，毛泽东为此发表《北京政变与商人》的文章，赞扬民治委员会之举是"商人出来干预政治的第一声"，是"商人们三年不鸣，一鸣惊人的表示"；"我们从这次上海商人对于政变的态度来看，知道他们业已改变从前的态度，丢掉和平主义，采取革命方法，鼓起担当国事的勇气，进步得非常之快"；并指出："因为历史的必然和目前事实的指示，商人在国民革命中应该担负的工作，较之其他国民所应该担负的工作尤为迫切而重要"；号召商人们团结起来，"团结越广，声势越壮，领导全国国民的力量就越大，革命的成功也就越快"；希望商人与工农学各界相联合，将反对军阀列强的斗争进行到底。当时的中共中央还在第二次对于时局主张中提出，如果国民党不能承担政治建设的责任，那么"民治委员会即应起来肩此巨任，号召国民会议，以图开展此救国救民的新局面"。

但是，民治委员会成立之后，既没有按照原先设计的民主政府的模式去做,也没有把社会各界和中国共产党的期望放在心上,而成了少数人把持的"商人政府",甚至成为上海总商会的下属机构。其成员完全由总商会的会董和会员组成,把其他各界乃至其他商人的组织都排除在外,不要说是人民民主政府,就连商人政府都是名不符实的,因此引起了工商界和其他各界的不满,失去了社会基础和号召力。上海各马路商界联合会登报声明:民治委员会与本会风马牛不相及。有的在报上发表文章,讽民治委员会只会关起大门说大话;有的指责其为"绅治"、"商阀"。

外界的批评也影响到民治委员会内部的涣散,加之委员之间的个人意气之争,使之从一成立就不能同心同德地展开工作。在它成立当天举行的全体委员会议上,到会委员仅有29人,不到委员总数的一半,并有9名委员当场提出辞职。数日后举行第一次常会时,到会者更少至18人,而且又有数人提出辞职,无法议事,只好改为谈话会。到举行第三次委员会议时,仍只有24名委员到会,还是无法议事。接连三次会议,除了挽留辞职者,讨论一些组织名称、宗旨和章程之类的问题之外,其余都是一些空泛的议论,没有作出任何实质性的干预政治的方案和举动。到7月16日召开常委选举会时,便只好将民治委员会的任务改为以理财为进行之范围。即使如此,仍因得不到各地商会的呼应而无所成就,只是公布了一份《中央财政报告书》和汇编了一册议案意见书,以告结束。

民治委员会的失败,既非出于军阀政府的压迫,亦非因于外国势力的干涉，而是完全出于商人自身的原因。由于政治知识和经验的缺乏，不知如何组织政治机构，如何协调权力关系，使工作不能开展，内部矛盾重重；由于不知道社会政治基础的重要性，不能与各种社会政治力量，乃至本系统的其他组织结成统一战线；由于缺乏政治操作技能，不能适时而有效地协调内外关系和利用有利的内外条件；由于经费不足，使已有成议的事情也难以实施。最终，这个曾一度使人心振奋的民治委员会就这样自我解体了。

　　商会从谋求自身的利益出发，从清末起参与了一系列的社会政治活动，展现了他们参政意识和行为方式的前进过程，显示了他们的力量，也对各次重大政治事件产生过程度不同的影响。但是受其"在商言商"政治性格的限制，使他们的参政意识不能超越实用主义的樊篱，参政行为软弱乏力，不能在改善商政之外发挥更多的实际作用。民治委员会运动失败之后，随着中国共产党和国民党左派领导的国民革命运动高潮的到来，商人们再也不能扮演国民参政运动的领导角色。

八　外争国权

1. 抵制"二十一条"

1900年之后到抗日战争之前，列强侵略中国的主要方向，转向强迫中国政府接受不平等要求，以求进一步扩大在华的政治和经济特权。中国反侵略斗争的主要方式，则从军事抵抗转向非军事抵制，反侵略的主要力量从国家转向民间，反侵略的主要目标也从单一抵制列强侵华势力的进一步扩大转向收回已失之利权，争取国际平等。在民间的反侵略斗争中，在商会领导下的工商界反侵略斗争，处于举足轻重的地位，有时甚至成为主导的角色。商会的这种反侵略斗争角色，在1905年的反美爱国运动中已做了第一次表演。中华民国成立以后，商会的这种作用益显突出，每遇重大的中外政治交涉事件，商会总是积极参与。抵制日本的"二十一条"，是这一阶段中商会领导工商界抵制外国侵略，争取国际平等的第一次尝试。

1915年1月18日，日本趁第一次世界大战期间欧美各国无暇东顾之机，秘密向袁世凯政府提出了企图灭亡中国的二十一条要求。其主要内容包括五个方面：承认日本继承德国侵占山东时的一切权利，并加以扩大；将租借旅大及南满、安奉两条铁路的期限延长为99年，并承认日本在南满及内蒙古东部的土地租借权或所有权，以及居住、经营工商、建筑铁路和开采矿山的特权；将汉冶萍公司改为中日合办，附近矿山不准公司以外的人开采；中国沿海港湾岛屿不得租借给或割让给其他国家；中国中央政府必须聘用日本人担任政治、军事、财政顾问，中国警政由中日合办，军械半数以上应采自日本，或设立中日合办的军械厂，允许日本建造湖北、江西、广东之间重要铁路，以及在福建投资、筑路、开矿的优先权。如果"二十一条"实行，中国就要沦为日本的附属国，中国的主权将丧失殆尽。

2月以后，此事逐渐泄露，很快引起社会各界的高度重视和强烈反对。3月18日，上海总商会和工商各界首先做出反应，在张园举行了有3万余人参加的国民大会，提出抵制办法6条，全面部署了国民的反日救亡行动方案：通电政府请维持国家体面，力保利权；组织中华国民请愿会，共图救亡方法；通电各省组织请愿分会；抵制日货；组织民团募集经费，以备不测；创办一种白话报，作为宣传机关。

与此同时，各地商会纷纷通电表示坚决不承认"二十一条"，愿以全力支持政府抵制日本的侵略行为。到3月底已有安东新义州中华商会、上海出口公会、广州总商会、粤省商团出口洋庄商会、日本大阪中华商会、山西总商会、日本神户中华总商会、杭州总商会、山东总商会、安徽总商会、宁波总商会、古巴中华总商会、小吕宋中华总商会、南宁商会联合会、长沙总商会等15个商会，先后发出通电。

除了发通电，许多商会陆续开始采取实际行动进行抵制。4月初，上海总商会议董宋汉章、虞洽卿、钱达三、王文典等开始筹议发起"救国储金"活动。8日，"中华救国储金团总事务所"成立，推举虞洽卿、朱葆三、贝润生等37位总商会成员和工商界人士为临时办事员。数日后又推举虞洽卿为正干事，贝润生、马佐臣等为副干事。设总事务所于上海，设分事务所于各省各县及海内外各商埠，预定募款5000万银元，专备国家添设武备之用。

5月7日，日本向袁世凯政府提出最后通牒，限于9日之前作出满意答复。这无疑给已经兴起的商会和工商界的救亡活动火上加油。12日，北京总商会向全国各商会发出通电：政府让步讲和，权利丧失，国几不国，今请自本年5月7日之始我4万万人立此大誓，共奋全力，以助国家。时日无尽，奋发有期，此身可灭，此志不死。号召全国各商会发动工商界参加这一救国运动。

此后，救国储金活动在全国各商会的响应下迅速兴起，到8月底，全国各省已成立救国储金机构299处，其中120处已认报储金640余万元，有54处已实收储金202万元。为了进一步推动救国储金活动，9月9日，在上海召开了全国储金团代表联合大会。到会代

表51人，成立全国储金代表联合会，推虞洽卿为会长。会议通过了全国统一的进行办法，通电要求各级政府、报馆、商会、储金事务所极力进行；修改了储金团章程，强调自主支配储金用途，增加储金作制造厂之用的规定。这场轰轰烈烈的救国储金活动，虽然不久为防止袁世凯盗用储金作为复辟帝制经费而被迫退还和解散，但亦已显示了商会和工商界试图自行担负起挽救国家利权重任的意图。

　　商会在发起和领导救国储金活动的同时，还发起和领导了抵制日货和提倡国货运动。3月中下旬，上海商界首先集会讨论抵制日货之事。继而各地纷起响应，不及旬日，广东、无锡、松江、福州、安徽、烟台、营口、济南、长春、厦门、汉口、芜湖、大通等地的商会及其他工商团体，先后掀起抵制日货运动。4月以后，又有长沙、湖州、哈尔滨、昆明、沙市、天津、奉天、重庆等地的商会相继而起。一个波及全国的抵制日货运动高潮很快形成。

　　提倡国货运动与抵制日货运动相辅而行，同时发起。3月中旬，上海总商会议董虞洽卿发起成立"劝用国货会"，通告各帮董事分别召集各同业，开会劝用国货。于是上海的宁波帮2788家、广肇帮2607家、潮州帮1916家、洞庭山帮907家、苏州帮866家，均签字一律改用土货。山东、福建等帮，亦四出劝导，一致进行。南京、苏州、杭州等地的商会，亦相继而起。到5月7日以后，湖南、河南、汉口、盛泽、温州、武进、天津等地的商会，也相继发起了提倡国货运动。他们或组织国货维持会,或成立劝用国货会,或组建国货负贩团,或设立国货专销机构。与抵制日货一样,提倡国货运动也以一日千里之势,很快普及全国。

在这次抵制"二十一条"运动中,商会和工商界的爱国主义观念表现得十分明显。如广州总商会在日本提出"二十一条"不久,就立即通电指出:日本的条件,显然是依恃强权,实行侵略政策,事关国家存亡,万难退让。北京总商会也通电指出:日本企图强夺我之生命财产,以灭我国家而供其贪欲,一针见血地指出了日本的侵略野心。全国商会联合会还在其会报上发表题为《爱国》的社论,警告社会各界:当此危急之间,如果朝野上下,还不振作奋发,亡国就在眼前!在救国储金活动中,救国储金会还编写了一首救国储金歌:"救国储金,国民责任应当尽。吾爱吾国,吾尽吾心。解囊者热忱,慷慨输将。勿稍退让,巨款立成。设兵工厂,练海陆军,百业振兴。凭此实力,御外侮,谁敢侵。"以此动员社会各界捐款加入救国储金。《中华全国商会联合会会报》还转载了这首救国储金歌,使之流行于全国。在抵制日货、提倡国货运动中,劝用国货会在《时报》上刊登一则劝用国货通告说:"从此大家快苏醒快苏醒,劝到万众要齐心要齐心,那怕我国国货不流行,那怕我国财政不充盈,那怕我国屈服于强邻。"

在商会和全国各界的强烈抵抗下,日本帝国主义的侵略阴谋终于受到抑制。

② 支持五四运动

第一次世界大战结束以后,协约各国于1919年1月在法国巴黎举行和会,分配战胜果实,中国亦应邀派代表赴会。当时许多中国人以为,中国以往丧失的权利可以有所挽回,最起码被德国所占的青岛及其在山东的特权可以收回,商会和广大的工商界也不例外。在巴黎和会召开不久的1月26日,上海数十个工商团体组织了一个"中华工商保守国际和平研究会",力图以此促成国际永久和平,并起草了一份给巴黎和会的宣言书,通过全国商会联合会转达全国各商会,以求得到全国商会的支持。各省商会在收到该会的宣言书后,表示赞同的复函纷至沓来,如奉天的昌图,直隶的河间、彭县、永年、沧县,京兆的固安,江苏的宝应、奉贤、南桥、宿迁,浙江的余姚、上虞,安徽的宿县、宁国、繁昌,山东的益都、平度,广西的藤县,山西的平原,河南的桐柏,湖北的孝感,江西的瑞昌等,已不下百余份。他们都迫切地希望,中国从此能享受平等的国际待遇。

这份代表全国商会和工商界意愿的宣言书,强调了国际应该平等、国家主权应该保全的国际主义原则。宣言书首先指出:世界各国同为人类之一部分,应该彼此平等,认为世界者,人类之积也,聚人类而成国家,聚国家而成世界。从狭义上来说有国家之分,从广义上来说,凡地球上的一切人类都是同胞。因此,要使国际永久和平,必须实行"世界主义"。接着,要求巴黎和会本这种世界主义的原则,公平处理国际问题,确定一国际公平之条件,无论国之大小强弱,共同遵守,如有其领土被占者,应一律归还之,如有在主权上、政治上、经济上凡不平等者,皆本公道之标准以平之。最后,以上述世界主义的国际关系原则提出:对我国领土上、政治上、经济上,其受国际之不平等待遇者,我国国民理所当然非常希望此次国际和平大会之主持公道,给以平等解决。这种国际平等和国家主权观念,较之当时美国总统威尔逊所鼓吹的,各国互相保障政治自由及土地完整权,国无大小一律平等的高调,毫不逊色,且不像威尔逊那样只停留在口头上,而是真心希望通行于全球。

但是,巴黎和会的结果与中国商会和工商界的期望完全相反,不仅没有使中国的国际地位得到任何改善,甚至连中国应该收回的被德国所占的青岛和山东主权也转移给了日本。对这种严重践踏中国主权的做法,包括商会在内的中国社会各界表示了极大的愤怒,奋起反对北京政府代表在和约上签字,坚决要求和会将青岛和山东的主权直接交还中国。轰轰烈烈的五四运动由此爆发。

五四运动由北京的学生罢课游行活动开始,很快得到全国工商界的支持。处于运动发源地的北京总商会首先出来支持学生运动,于5月5日举行紧急会议,讨论营救被北洋政府逮捕的学生问题,并通电上海总商会、全国商会联合会、各报馆和各团体,紧急呼吁:

各方致电巴黎和会力争山东主权,并招集各界开会,商量救亡办法,为外交上作声援。又致函各省商会,倡议全国商会一致行动,要求政府拒签和约,敦促和会改变对中国问题决议,力争收回山东主权。6月,又召集会员205人举行大会,一致决议不购日货,急救学生,以本会及全国商会名义致电巴黎和会力争等几项办法。从7日起就在全城开展起了抵制日货运动。

全国各地的商会也闻讯而动,天津、保定、南京、上海、苏州、镇江、淮阴、松江、常熟、扬州、常州、无锡、杭州、宁波、嘉兴、汉口、安庆、芜湖、济南、漳州、南昌、九江、吴城、长沙、开封、广州、成都、重庆、奉天、珲春、绥远、张家口等地的商会都相继行动,或通电政府要求释放被捕学生、拒签和约,或发动抵制日货运动,反对日本接管青岛。一个全国性的反日救国高潮迅速形成。

除了通电请愿、抵制日货之外,商会还采用了罢市抗税的手段要求北洋政府释放被捕学生和惩办签约代表。6月5日,上海南市小东门一带的中小商店自动联合起来,组成商业联合会议,宣布罢市,揭开了商界罢市活动的序幕。第二天,上海商业公团联合会发起,在上海总商会议事厅召开大会,宣告上海全市罢市。一时间,城内城外和各租界的华商商店都相继加入罢市行列。许多商店门口张贴着"罢市请命"、"商学一致"、"挽救学生"、"惩办卖国贼"、"罢市救国"等标语口号。与此同时,商界一面通电北京政府,告知上海全体罢市,要求立即释放被捕学生,严惩卖国诸贼；一面发表宣言，希望外商主持公道，勿生误会。上海罢市风声传出以后，从6日起全国各地商界闻风而起，罢市运动很快波及南京、宁波、镇江、芜湖、苏州、常州、无锡、天津、汉口、济南、安庆、福州、松江、扬州、奉贤、杭州、常熟、宜兴、武昌等地。其中有些城镇的商会在领导商界罢市的同时，还准备拒纳税项，如松江、镇江、常州、宁波、无锡等地的商会均曾明确宣告罢税。

罢市、抗税活动虽然只限于江苏、浙江、湖北、安徽、福建、山东、河北等省部分城镇，为时亦仅一周左右，但充分显示了商会和工商界的决心，扩大了社会影响，使北京政府惶惶不可终日，最终不得不答应商会和工商界及社会各界的要求，释放被捕学生，罢免曹汝霖、陆宗舆、章宗祥三个亲日派官员。

3. 挽权利于华盛顿会议

五四运动以后，以全国商会联合会为首的中国工商界又开展了一系列力争收回和捍卫国家主权的活动。

巴黎和会后不久，协约国列强又接着筹划华盛顿会议（亦称太平洋会议），企图重新划分远东和太平洋地区的势力范围。1921年底，中国政府也准备派代表赴会。商会和工商界人士立即意识到，这是又一次收回国家利权的好机会。为此，全国商会联合会和全国教育会联合会召开联席会议，专门讨论了准备向华盛顿会议提出的以及相关的对内对外各种重大问题。会议提出和讨论了《关于太平洋会议之提案》、《本联席会议宣言一（对内）》、《本联席会议宣言二（对外）》、《关于整理内政之提案》、《请废除二十一条约，交还青岛意见书》等重要议案。

《关于太平洋会议之提案》，扩大了1919年向巴黎和会提出过的要求，其主要内容有：国际税法平等；收回领事裁判权；国际平等待遇；取消日本"二十一条"及高徐顺济协约；缩减军备；公推代表赴会，向到会各国代表陈述目前中国之真正情形，使各国合理判断中国之实情。不仅力争全面收回中国已失的主权，而且试图以代表世界之一国的身份参与国际事务。

在对外宣言中，向世界表示了中国商教两界对国际和中国时局问题的主张。除表示对华盛顿会议抱有解决世界和平问题的良好愿望之外，着重指出："我国处于太平洋重要位置，太平洋之利害即东方之利害，亦即我国之利害，既属共同利害问题，即负共同解决之责任"，中国自应有参与的权利。然后又声明：中国近年来所以内部政治纷争较多，日本二十一条之要求实为一大主要原因，希望各国能主持公道，支持中国废除该条约。最后向世界各国提出如下主张：根据国际平等原则，凡各种不平等条约，有妨碍中国安全或东方和平的，未经我国国会同意的，一概否认；各国不得借特殊地位或某种关系，试图获得中国任何一部分的势力范围及特权。依据前两条，应取消日本的"二十一条"，及其所强取的满蒙、山东等一切权利，并促使其履行无条件交还青岛的诺言；赞成会议限制军备的宗旨，我国国民应当督促当局裁兵，并力谋教育和实业的发展；我国国民应当督促当局整理财政，使确实具有偿还外债的能力；我国国民为谋国际之间的福利，主张开放门户，给各国以均等的机会，其开放程序，应按内政的进步状况督促当局推行。也希望各国修改条约以辅助此事。从这则宣言中可以看出，商会和工商界既反对列强的侵略行为，争取民族独立自主，又主张互利互助的门户开放。尽管他们的这些主张，在当时不可能实现，或许反而被列强所利用，但是他们这种平等互利的国际关系观念，不能不说具有强烈的爱国主义色彩。

关于废除"二十一条"的提案，详细陈述了理应废除的道理：按国际缔结条约惯例，必须经双方同意，方为合法，日本对我国提出的"二十一条"，以最后通牒强迫承认，显然违反公法，当然不能成立；按外交惯例，有关事件应由公使递交外交部，而"二十一条"却由公使直交总统，且当面声明严守秘密，并强迫其私下承认，更未经国会通过，依法亦不能成立；在欧战议和之初，美国总统在给其国会的文件中，有排除经济障碍的主张，日本的"二十一条"，不仅有障碍我国经济之处，而且足以置我国于死地，这种条约显然违背和约宗旨；山东、青岛完全为我国领土，前经缔约租于德国，现在德国失败理应仍归我国，且日本对德宣战之时，亦曾有交还中国的声明，后来竟然占据不退，实为自背宣言，有失国际信用；我国因德国施行潜水艇战术，违反公法，已与德国宣战，断绝外交，前订条约当然失效，青岛领土自应归我，日本仍以强迫手段占领不交，实属强权占据。显而易见，这个提案已在运用法律手段为收回国家主权而斗争，不仅表明中国工商界外交斗争水平的提高，而且也是对列强屡屡攻击中国野蛮，标榜他们自己讲究法律的有力反击。

商教联席会议的这些要求，与全国人民要求废除不平等条约运动一起，共同为中国出席华盛顿会议的代表提供了强大的后援力量；加之美国力图削弱日本的在华势力，以便其在华推行"门户开放，机会均等"政策，终于迫使日本答应向中国交还山东主权，撤出军队，准许中国赎还胶济铁路。华盛顿会议还于1922年2月6日签订了关于中国问题的《九国公约》，在纸面上承认尊重中国主权、独立和领土完整。

在华盛顿会议之后，商会依据这次会议的有关公约和决议继续努力于收回国家权利。1923年，日本强租辽东半岛25年的期限届满，但仍企图继续占据，扬言"二十一条"已将租期延长到99年，拒绝交还。此时正值全国商会联合会召开第四次代表大会，于是这一问题便成了大会的一个主要议题。与会各商会代表对日本帝国主义的侵略行为表示极大的愤慨，上书北京政府提出："举国商民誓不承认"，并指出：日人强迫我之"二十一条"，既未经国民代表之议会通过，当然不能发生效力。近日此项违反世界公理之条约已由我复活之正式国会决议撤销，因此辽东半岛展借之期已无根据，所租年限应截至明年为止。又依据华盛顿会议关于中国问题的决议精神，敦促北京政府积极做好准备，随时向日本提出交涉，万不能稍事犹豫而失去此收回机会。

在1925年4月20日至6月1日举行的全国商会联合会第五次全国代表大会上，各商会又提出和讨论了不少关于收回国家主权的议案。其中主要的议案有：《请修改中美续议通商条约案》、《提议收回中东路案》、《请求政府修改不平等条约》。这些议案要求政府修改和取消一切不平等条约，如"二十一条"、中美商约，以及列强共享的租借地、使馆界、国际地域、势力范围、领事裁判权、海关管理权、使馆驻兵、租界巡捕等有损中国主权的特权。他们提出："各种不平等之条约，未经国会通过者应即取消；于我国主权及生计有妨害者，于关税原则、世界潮流有违背者，均应取消或修改。"这就是说，由军阀官僚盗用国权私自签订的条约应该全部无条件取消；虽经国会批准，但严重丧权辱国，损及国计民生的条约，也都应取消，或修改为平等条约。他们还强调说：修改不平等条约，不能专仰仗于政府，因为国民原本立于国家主权地位，我辈商人自应促进政府，做外交上之后援，以期达到目的。还准备组织专门委员会，研究自1840年以来中国被迫签订的所有不平等条约，以便向政府提出取消或修改的建议，敦促和协助政府收回国家应有的主权。

不久，对5月30日发生于上海的五卅运动，全国商会联合会及各地商会都给予了程度不同的声援和支持。他们或发通电，或捐钱物，或参加游行，或发动抵制英货，或组织罢市运动，或向世界发出通电，要求主持公道，平等对待中国。通过与社会各界共同进行反帝斗争，迫使英国当局作出让步。

4. 参与关税自主运动

商会在致力于废除列强强迫中国政府签订的不平等条约的同时，还力争收回关税主权。

关税是一个国家商务主权的主要象征，如果关税受外国控制，那么就意味着这个国家商务主权的丧失。中国的关税自主权，自从鸦片战争之后便一步步丧失，关税税率由列强与中国政府协商决定，实则完全由列强决定，历史上称为协定关税制度。这一制度产生后，既严重损害中国的国家利益，也严重影响中国工商界的利益，自然受到工商界的反对。尤其在商会成立以后，工商界反对协定关税制度，要求收回关税自主权的斗争连绵不绝。

商会自产生之日起，一直致力于关税自主的斗争，他们或向政府提出关税自主的建议和方案，或向社会揭露协定关税对中国的祸害，或向列强表示侵夺中国关税主权的抗议和收回关税主权的要求。这一斗争，从第一次世界大战结束的1918年起开始高涨起来。上海总商会和全国商会联合会都向北洋政府和中国参加巴黎和会专使发出通电，指出协定关税对中国的危害，要求利用这一千载难逢的机会，就中国关税问题与列强进行交涉，争取收回关税主权和建立平等税法。同时上海总商会的一些成员还组织了"主张国际税法平等会",积极开展关税自主活动。当1921年底,中国政府准备派代表参加华盛顿会议时,商会和教育会的联席会议在《关于太平洋会议之提案》中,提出了要求"国际税法平等",收回中国关税主权的主张,并派出两位代表列席华盛顿会议,直接向会议宣示中国商人的要求。在商会的要求和敦促下,中国政府终于向华盛顿会议提出了收回关税自主权的问题,要求与会各国议定在一定时期内将关税主权交还中国;并提出与各国从速议定一种新税则,以代替原有的不平等的协定税则,使中国终于发出了"80年来向世界正式作不平鸣之第一声"。与此同时,上海总商会为了配合争取关税自主和改正税则的对外交涉,还特别组织了"修正税则委员会",着手调查各种货物价格、税率等相关问题。

华盛顿会议以后,中国工商界的收回关税主权活动益发高涨。1922年9月,北洋政府依据华盛顿会议有关中国关税问题的决议,加紧筹备收回关税自主权的工作,决定成立"关税研究会"。该会由财政部和农商部领头,以各省商会所派代表和有关部处所派主管人员为会员,全国商会联合会和各商会的代表28人参加了该会,并由全国商会联合会副会长张维镛担任研究会副会长,主持日常研究工作,由此开始了商会正式参与国家的收回关税自主权工作。关税研究会于9月9日正式成立,至11月23日闭会,共举行大会13次,不仅研究和讨论了与收回关税主权直接相关的税权问题，提出凡条约上有碍关税主权者，均主张收回，取消一切束缚关税自由的条文，废除最惠国条款；而且还讨论了与收回关税主权相关的一系列税制改革问题，如土货出口纳税、常关存废、裁厘加税实行期限、加税用途、加税保管、奢侈品课税、公布货价章程、出厂税增加、陆路关税、免除转口税、废除杂捐局卡、保管关税附加税、开办出产税、销场税、所得税、营业税等问题。这些问题的议决，使政府与商会对关税自主问题的思想认同水平进一步提高，步调渐趋一致，为接下来的关税特别会议做了较为充分的准备。

　　1925年8月，中国政府决定邀请有关各国于10月26日在北京举行关税特别会议。会前，列强或以有条件的附加税为诱饵，或以建立中国统一政府和先行裁撤厘金为条件，或拖延不作出席会议之答复，采取种种手段，力图打消中国政府收回关税自主权的要求，继续保持协定关税制度。中国政府虽有收回关税自主权的欲望，但畏于列强的势力，忧于因关税自主后的裁撤厘金而带来的财政收入减少，态度非常软弱，主要着眼于增加关税附加税，以增加一些财政收入，对收回关税自主权缺乏必争勇气。

　　列强和中国政府的这些动向，立即引起了商会方面的重视，全国商会联合会决定与关税特别会议同期举行全国商会联合会关税问题临时大会，督促政府在关税特别会议上坚持和达到关税自主的目的。关税特别会议一开幕，全国商会联合会就明确宣言：我们全国工商界一致主张关税自主，以获得我国关税一切完全自主为最终目的。代表们把这次关税会议能争得关税自主,视做国家生死存亡的关键时刻,表示不论做出如何牺牲,必须据理力争到底。他们向与会各国严正宣布:"无论任何国家,对于关税特别会议有不利于我国者,我全国国民有最后严重对待之方。"

商会的这种坚决而一致的态度,既促使中国政府与列强力争关税自主,也成为中国政府与列强谈判的强大后盾。在关税会议开会的第一天,中国代表提出五项条件,其中第一条说,列强应尊重中国的关税自主权,同时将既存条约中关于关税的一切限制全部废除;第二条说,中国政府至迟不过1929年1月1日实施国定税率(关税自主),同时裁撤厘金。经过几番较量,最后迫使列强接受中国的条件,在11月19日的会议上达成协议,原则上承认中国关税自主,于1929年元旦与裁撤厘金同时实行。

关税特别会议一闭幕,全国商会联合会就紧接着发布了"主张关税届期实行自主宣言",敦促政府不畏强暴,根据已定方案到期径自宣布关税实行自主。1929年1月1日,国民党政府根据这次关税特别会议的协议,终于宣布实行关税自主。

九　走向世界

1. 与美商的经济合作

在上面的论述中，曾谈到了中国商会接待美国和日本商会代表团的事情，中国商会走向世界正是以那次的接待外商活动为契机的。在中国商会接待美国商会访华团以后，中美商人之间的经济合作开始兴盛起来。

首先，中国商会积极行动起来，力图把美团在访期内议定的几个合资项目尽快实现。根据双方议定的各出资一半的协议，中国商会很快就着手于资本招集事宜。对于中美银行的 500 万元中方股本，到 1911 年 7 月间，已由参与此事的各商会代表筹招股本 200 万元，向海外华侨招得 100 万元，不足之数拟再向海外华侨招 100 万元，由各商会分担招集 100 万元。中美轮船公司的 30 万元中方股本，除由发起人担任招股外，并委托沿江沿海的商务总分会分段招股，各地认股之数已达 20 万元左右。在股本有所着落以后，各发起商会又在上海开会讨论，推举上海商务总会议董沈仲礼、苏葆笙，广州商务总会总理郑观应，汉口商务总会总理卢鸿昶为代表，进京会同京师商务总会总理赵砚农，与度支部、邮传部、农工商部协商优待条件，要求减免税项、津贴经费、借用招商局码头，并申请注册。同时张謇也在北上考察实业之时，受各商会的委托，与清政府协商中美合办银行和轮船公司事宜，向摄政王、度支部和农工商部陈说利害，请求支持，并获得清政府有关部门的赞成，决定拨款补助200万，批准轮船公司先行立案。

　　与此同时，他们还在当时全国影响最大的《申报》和《时报》，以及自己所办的《中华全国商会联合会会报》上，连连发表专题文章、通告、启事，广泛宣传中美合作的意义。他们指出：中美银行成立之后，华商作为主人之一，可以运用它开展对外金融业务，打破外国银行对中国外汇业务的垄断，从而避免中国在对外借款、赔款、还款中，常常因以白银换英镑的汇率变动而造成的损失，还能通过吸收存款和办理华侨汇款，既可挽回利源，又可为华商兴办实业提供资金。中美合办的三项事业一旦成功，中国商人的外贸就有了自己的汇兑机构、运输公司和代理机构，这样就可以改变中国外贸受洋行控制的状况，得以开展直接外贸。

　　中华民国成立后，随着振兴实业高潮的兴起，商人们以更大的热情恢复和发展了在辛亥革命中被迫中断的与美国商会的合作活动。中华全国商会联合会在1914年4月举行的第一次全国商会代表大会上，专门立案详细讨论了中美商会的合作问题，不仅继续了清末所拟定的全部项目，而且进一步统一了认识，全体一致通过了中美银行的议案，1915年11月又召开全国商会临时大会，专题讨论中美合办企业问题，会议议决：中美银行招股由上海总商会担任招股300万元，以6个月内招足，其余各省分甲、乙、丙三等，甲等担任招股20万，乙等担任15万，丙等担任10万；中美轮船公司，根据美商大来的新提议，将公司规模从1艘轮船60万元资本，扩大到4艘轮船500万元资本。

这些中美商会合作项目，后来由于中美双方或因资本筹集不齐，或因人事变动，没能完全按原定计划实行，有的不了了之，有的性质改变。但是，中国商人与外商的正式合资开办企业活动，可以说是由此开始的。

其次，其他中美经贸合作活动也逐渐开展起来。1919年，在美国太平洋沿岸商人的要求和催促下，由上海大资本家聂云台发起创办了一个中美商人合资的上海中美商业公司，聂任总董，聘美国人容觐倪为经理，专门从事五金、纸张、机器等的进口业务和桐油、茶、丝、牛羊皮等的出口业务。在此之前，美国商人也在纽约成立了一个中美贸易公司，专门从事中美贸易。该公司的总参议罗司氏还于1917年率领美国实业团来华访问，热衷于与中华全国商会联合会的合作，竭力筹划组织中美国际商会联合会，以便推进中美贸易。

1920年2月，中美银行经过10年的筹备，以中美

137

懋业银行的名称在北京开业。该银行在历史渊源上，虽与美国商会访华团向中国商会提出的中美银行方案有直接的继承关系，但是它的业务性质、双方合作者和管理权限都已今非昔比。它的性质，已由原议的国际商业汇总银行改变为美国产业资本和借贷资本输出服务机构；它的合作者，美方已由原先的一般商业和金融业资本家改换成金融大资本集团；中方的出资者，已由原先的一般工商业资本家，扩大到退职和在职军阀官僚、华商银行和政府财税部门；它的经营管理权，已从原先的中美商人平等共掌，改变为由美方出资者和中方官僚军阀分掌，且以美方为主体。

此外，美国的一些工商企业也在中美商会合作活动的影响下，纷纷派出代理人来华调查商情，设立分支机构，推销商品。如美国造纸联合公司于1918年2月，为在中国扩充销路，派代表来中国，与恒丰公司订立协议代销纸张。美裕公司于1919年1月，为了推广对华营业，特拨资本50万元在上海设立分公司，专办进口机器、军装、五金、匹头、纱绒、纸类、杂货、食品等业务和中国一切出口土产业务，并聘请中国商人任经理跑堂。旧金山美国太平洋贸易公司，于1919年初致函上海总商会，提议组织公司，在中国开办工厂，以推广销路。

这种以中美合办的形式，利用中国资本发展美国在华企业的途径，也在其他工矿企业中展开。如1915年10月，中美合办的太平洋东方轮船公司在美国成立。1918年9月，中国官商与美国西方电气公司等联合筹办中国电气公司。

与中美商人的经贸合作活动相应,在 1908～1915 年间中美贸易状况也发生了较大的变化。美国对华贸易额呈上下波动状态,中国对美贸易额则除 1910 年外每年都有较大的增加,且改变了以前的严重入超状况。有些年份还出现了出超。中美贸易总额也从 1911 年起逐年增加,由 1910 年的 57088352 海关两,增至 1919 年的 211355388 海关两,增加了 2.7 倍。中美贸易在中国对外贸易总额中所占的比重,也从 1910 年的 6.7% 上升到 1919 年的 16.2%。

2 访问美国

上述中国商会接待日本和美国商会访华团的活动,以及中美商会的经济合作事项,虽然没有完全达到与外商开展平等互利经济合作的预期愿望,但是由此却引发了中国商人的外交观念。

中国商人的正式外交活动和外交意识也是在接待日本和美国的商会访华团时开始产生的。日、美两国商会访华团在访问期间都向中国商会提出了组团回访的邀请,中国商会也初步接受了邀请。后来,日本政府农商务大臣又在 1911 年 3 月初代表日本商会正式向中国商会发出邀请书,希望北京、天津、汉口、南京、苏州、杭州、上海、广州八大商会组织当地实业家访问日本。上海等商会经研究决定准备于当年 10 月访问日本,并于 10 月 18 日组成了一个有 60 名成员的庞大的访日代表团。该团由上海总商会议董沈仲礼为团长，京师总商会会长赵砚农为副团长，团员中包括了上海、镇江、烟台、湖南、汉口、苏州、沙市、天津、庐山、广州、营口、保定、奉天、桂林等商会和其他农工商团体和商店的代表。但是正当该团整装待发之时，武昌起义的火焰迅速蔓延，只得临时决定延期访日。辛亥革命以后，虽然日方又再次邀请中国商会代表团前往访问，中方也曾有所准备，但终因对日本侵略行为的反感而没有成行。

对于美国商会的邀请，中国商会更报以积极的态度。在辛亥革命之前，中国商会也有组织代表团访问美国的举动，上海商务总会曾委托张謇向清政府提出此事，并获得批准，清政府还答应拨款20万元作为津贴，但也因时局变动没有成行。

辛亥革命以后，美国方面又频频来人来函敦促此事。美方筹办此事的主要负责人大来，在1912年和1913年接连来华，除了进行他自己的商务活动之外，还代表美国商会四处动员中国商会组团访美。此后，又有美国全国总商会及其他商会，来函或来人动员中国商会组团访问美国，而且美国各商会还预期筹备了中国商会访美团的旅行费60万元美金和招待费10万元美金。在美国方面如此殷切的邀请下，中国方面不得不抓紧组织访美代表团，以增进中美两国商会的联系。于是，在1914年4月举行的全国商会联合会第一次大会上，经过与会代表详细讨论，原则上确定了组团访美之事。1915年初，大来又来到中国，经过他的一番策划，终于在 4 月下旬促成了中国商会访美团之行。该团以广州总商会的华侨巨商张弼士为团长，上海总商会的大实业家聂云台为副团长，成员 12 人，于 5 月 3 日抵达旧金山，9 月回国，历时 4 个多月。访美期间，中国商会访美团与美商进行了广泛的接触。他们先后访问了 26 个城市，与各地商会及各界人士和政府官员进行座谈，出席各种宴会 43 次，参观工厂 243 个，参观商店、农场、学校各不下数十个，并代华商订购货物 500 万元以上。同时，继续讨论了中美商会合作事项，以及成立中美商会联合会之事。

此次中国商会代表团访美虽然是在美国商会的促动下实现的，但它迈出了中国商人外交的第一步。更有意义的是，通过这次外交活动，使中国商人开始萌发了商人外交的意识，为中国商人外交的发展打下了思想基础。还在接待日本商会访华团时，中国商会虽怀有一种抵触情绪，表现出一种消极应付的姿态，但他们中的一些上层人物，已认识到接待日团是中日两国民间团体的交往活动，有利于中国工商界的国际交往。有不少人士在各种欢迎会上向日团明确表示："如将来日本人能按最文明之公理以待中国，我深信中国国民未有不愿与日本交好者"，希望日本改变侵略中国的政策，增进中日两国人民的友好往来。在接待美团时，更有人指出：美团访华"实为中美实业家联合之起点"。到中国商会准备组团回访时，他们的国民外交观念益显明确。在组织访日团时，上海商务总会就明确指出：此次组团东渡访日，虽纯属国民之外交，然实足为国家外交之补助，为商民联合外交之发轫。在全国商会联合会讨论组团访问美国问题时，该议案的审查报告指出："此等事务为商业外交上不可少之事，所以亟宜组织"，"此次组织赴美考察实业团，为中国商人与外国商人外交之一种事业，将来交接以后定能发生效力"。他们已清楚地认识到，商人外交是发展中国商业、提高中国商人国际地位的重要一环。这显示出中国商人外交活动将逐渐由被动转向主动，在国际环境中寻找自己的发展道路。

以中国商会代表团访美为契机，中国商人的外交活动和意识又前进了一步。在中国商会代表团访美期间，美国商会向中方提出了与中国商会联合成立中美商会联合会的建议，中方亦表示赞成。访问团回国以后，在1915年11月的全国商会联合会临时大会上，立案讨论了组建中美商会联合会问题，会议一致议决：中美商会联合会应分别呈请中美两国政府立案，会长由两国全国商会联合会会长兼任。

1917年，纽约中美贸易公司总参议罗司氏率领美国实业团再次访问中国，他又带来了美国商会关于组建中美商会联合会的建议，甚至在北京中华全国商会联合会举行的欢迎会上，罗司氏倡议说：盼诸君立予赞成，拟即于今日席上发起两国国际商会联合会。罗司氏的这一建议，在1918年4月召开的全国商会联合会第三次大会上被列为提案交付讨论，经过大会审议会审议，认为：此举造端宏大，讨论不厌详密，应给罗司氏复函说明，双方各将联合会章程互寄，以资研究,并请其说明组织范围,本会再开临时会详细讨论。可见中国商会的态度既积极又慎重,力图求实效而防流弊。

但是中美商会联合会经多年筹备一直没能成立。究其原因,一方面是由于当时世界上还没有国际商会的联合组织,中美双方都比较慎重;另一方面,美国商会虽几次提出成立中美国际商会问题,但是始终没有提出过一个切实可行的具体方案,这也使中国商会无从着手。尽管如此,通过筹建中美商会联合会,使中国商会初步产生了与外国商会建立组织联系的想法,也做了一些筹备工作,扩大了中国商会的国际影响,既标志着中国商人外交开始由经济方面进入组织方面,也为以后中国商会加入国际商会组织做了准备。

3 加入国际商会

正当中美双方信函往还筹建中美商会联合会的时候,国际商会诞生了。国际商会发起于1919年10月。当时由美国商会发起在纽约州的大西洋城,召开了有英、法、意、比四国商会代表参加的协约国经济会议,着重讨论了共同合作恢复战后经济问题,为了确保决议案的执行,会议决定成立一个常设机构,名之为"国际商会"。1920年6月,国际商会在巴黎召开成立大会,正式宣告诞生。参加者仍为发起的五国商会,推举法国商业部部长格莱莽岱为会长,美国的杜莱盎为秘书长。按国际商会组织法规定,该会系一个国际性社会团体组织，其功能主要限于经济方面，具体说有：包括财政、工业、运输、商业等国际商务的一切经济机能；汇集并宣布与国际商业有关系者的意见；切实改良国际商务状况及解决国际经济问题；增进各国商人及商业团体的友谊；努力促进世界之和平和国际之友谊。

简而言之，国际商会就是一种世界各国之间的经济协调组织。

国际商会成立之后，由于中美商会已有过组建两国商会联合会的尝试，因此中国商会便成了国际商会的一个主要吸收对象。但中国商会对此仍表现了一种从被动到主动的过程。大约在1920年下半年，杜莱盎就致函上海总商会，邀请中国商会派代表参加1921年6月在伦敦举行的国际商会第一次大会，并邀请中国商会加入国际商会。上海总商会将此事交全国商会联合会讨论，但全国商会联合会对此一直没有作出反应。直到1925年4月下旬召开全国商会联合会第五次大会，才由全国商会联合会副会长王文典在会上提出"请将本会加入国际商会联合会案"。就这个议案及其讨论内容来说，中国商会对国际商会的性质已经有了较为明确的认识，对加入国际商会的意义也有了较高的认识。提案中说：国际商会之宗旨是联合入会各国，促进相互的经济交往，以此团结各国商界，维护各国公共利益。我国对于国际商业竞争莫不落后于人，世界各国几乎不知道我们中国还有商会这一商界团体，在商战上占何等地位不问可知。因此，要想增进我国商界的国际间地位,保护在外的商权,应该与世界商界立于同等地位,使我们中国商界受世界商界同等的待遇,然后可以着着争先。同人等认为本会有加入国际商会之必要。大会经过认真讨论,一致赞同该提案的意见。

全国商会联合会第五次大会以后,中国商会与国际商会的联系有所加强,并希望国际商会伸张正义,主持公道,支持中国的民族独立事业。1925年5月,全国商会联合会给国际商会发去了这样的一份电报:"时至今日,揆诸情理,自不能歧视我民族,酷遇我国家,则凡一切条约,及条约以外之协定、附约、声明、换文、照会、章程等项,一届期满,悉应一举而废除之,以符人类平等原则。"又说:本会代表中华全国工商各界,恳求贵会诸君,为正义之声援,作有益之互助。请求国际商会援助中国废除不平等条约。接着又于6月致电国际商会,愤怒声讨列强在华的侵略行为,并请求国际商会声援在中国发生的五卅惨案。这则电报说:我国是一个文明古国,历来热爱和平,自开埠通商以来,诚心诚意与各国贸易。但所得到的结果,却是不平等条约、协定税率、侵害主权等等,均足为我国发展之障碍,天下不平之事,孰有过于此者!现在发生的学生运动,纯属爱国之举,贵会关心全球商业,对此问题当亦主持正义,力维人道。这两则电报,既表明了中国工商界反对侵略,欢迎平等互利的国际经贸合作,又反映出中国商会已承认了国际商会的地位,并试图把它作为自己反对列强侵略的国际援助力量,从而使两者之间的距离日趋缩短。

1927年,中华全国商会联合会已被解散,取而代之的是中华民国全国商会联合会,但是中国商会加入国际商会的活动并没有因此而中止。这一年的冬天,国际商会通过中国驻比利时公使王景歧致函上海总商会,再次邀请中国商会加入国际商会。全国商会联合会在接到上海总商会移交来的这一函件后,随即分别致电国民政府行政院、工商部、外交部和全国各商会,得到上下一致的赞同。接着由全国商会联合会组织了一个"参加国际商会研究委员会",另外又邀请外交部驻沪办事处、工商部驻沪办事处、工商访问局、财政部驻沪货价调查局的代表,共同讨论此事。当时国际商会正在组织"中国问题讨论会",准备在1928年正月举行预备会,邀请中国商会代表团参加讨论。但是因时间匆促,未及从国内选派代表赴会,于是就请正在欧洲的夏奇峰和中国驻德国公使馆一等秘书梁龙、商务调查部主任俞大维为代表和专门委员,代表中国商会出席会议。此为中国商人代表参加国际商会活动之嚆矢。

1929年7月,国际商会在荷兰首都阿姆斯特丹召开第五次大会,全国商会联合会推选了由张家璈、陈光甫、朱吟江等10人组成的代表团前往参加。到1931年,国际商会中国分会正式成立,并于是年5月获得国际商会理事会的承认,正式成为国际商会的一员。从此,中国商会在国际商会的大家庭中有了自己的一个立足之地,并利用这一国际舞台,为中国的民族独立和经济发展进行过一些值得注意的活动。

十　御用末路

1　与蒋介石的短暂合作

　　1927年初，随着北伐军迫近上海，面临政权格局大变动，上海总商会内部各派系争夺领导权的斗争活跃起来。采用不正当手段于1926年7月当选为会长的傅筱庵，及其周围的少数会员，仍站在旧军阀一边；以冯少山为首的广东帮会员，因反对傅筱庵而退出总商会，并当即另组"沪商正谊社"，与总商会对抗；以宁波帮首领虞洽卿为首的大部分会员，亦以傅筱庵为不齿，并看风使舵，另立山头，于1927年3月22日联合除总商会之外的工商界19个团体（后扩大为60余个团体）成立"上海商业联合会"，取代了上海总商会在上海工商界的领导地位，并成为上海工商界与蒋介石合作的领头羊。

　　在北伐军迫近上海之时，上海的工人运动迅速高涨起来，使工商资本家们惶惶不可终日，唯恐损及自己的经济利益，于是以平息"工潮"为条件，走上了与蒋介石合作的道路。1927年3月26日，在蒋介石到达上海的当晚,虞洽卿就前往谒见。隔日,蒋介石又单独约见虞洽卿,要求上海工商界迅速筹集1000万元军费,并商量组织财政和外交委员会等问题。3月28日,上海商业联合会特地推举吴蕴斋、荣宗敬、穆藕初等11位头面工商资本家为代表,再次谒见蒋介石。会见时,吴蕴斋希望蒋介石对于商业有维护方法,而商界当与之合作到底。蒋介石随即起立表示:此次革命成功,商界帮助不少,希望以后继续给予协助。至于劳资关系问题,已有解决办法。其他关于保商惠工各种条例,不日当可颁布,决不使上海方面有武汉态度。吴蕴斋所提出的对于商业有维护方法,与蒋介石所答应的劳资问题解决方法,都是暗指平息"工潮"。由此可见,双方已达成了这样的合作协议:由上海商业联合会出面为蒋介石筹集军费;蒋介石则为工商界平息"工潮"。

接着,又经蒋介石和虞洽卿等人商量,决定立即成立一个"江苏兼上海财政委员会",负责军费筹集事宜。以商业委员会主席虞洽卿,常务委员、钱业公会会长秦润卿,外交委员、银行公会会长陈光甫等人为财政委员,由陈光甫任主任委员。财政委员会一成立,蒋介石就接二连三地催要款项,到4月25日止,银行公会和钱业公会已筹垫款项600万元。同时,商业联合会也答应为蒋介石募集军饷900万元,虞洽卿等商业联合会委员们为此又是召开会员大会,又是发表演讲,竭力动员工商界人士解囊捐款。但是,由于工商界对蒋介石屡屡不绝地要求筹款产生了一定戒心,加之财力有限,到 5 月 14 日止,实际募集到的款项约 202 万元。

1927 年 9 月和 1928 年初,南京国民党政府又先后两次发布总额为 4000 万元的"江海关二五附税库券",要求上海商业联合会承担发行任务。结果经过双方讨价还价,只是由有发行钞票权的几家银行各按钞票发行额的 10% 先行垫借。1927 年商业联合会宣告结束,由上海总商会继续承担此项任务。

除了为蒋介石筹集军费之外,商业联合会和总商会还在政治上支持蒋介石。1927 年 4 月 12 日,蒋介石发动政变,逮捕和屠杀共产党人,镇压工人运动。第二日,上海商业联合会就召开会议作出配合,讨论组织"商民协会",以此抵制工会势力。该会在 14 日发出的《致各会员通告》中说:工会的势力愈大,我们商人的危险就愈多,乘此工会纠察队被缴枪,工会势力稍有削弱之时,应该赶紧遵照党部规定的章程,组织合法的商民协会,让商界有存立的余地。甚至还发表反共宣言,宣称"一致拥护蒋总司令,肃清共产分子"。16 日又致电蒋介石,表示坚决拥护清除共产党的主张,拥护三民主义,愿做"扫荡赤祸"的后盾。17 日,在原先投靠旧军阀的傅筱庵控制下的上海总商会也发表拥蒋通电,攻击中国共产党,称赞蒋介石的"清党"行为是"安内攘外"之举,定能成功。正在筹备中的商民协会的一些亲蒋分子,更是赶紧召开紧急会议,表态效忠,作出了"绝对拥护三民主义","绝对拥护蒋总司令"的决议。

在商业联合会解散以后恢复上海商界领袖地位的总商会,尽管正面临着受上海国民党当局扶持的商民协会的攻击,也从维护总商会的合法地位出发,于12月24日发表《对于时局宣言》,表示拥蒋反共的态度。该宣言吹捧蒋介石及其所领导的国民党政府:"底定东南",救商民出水火,功绩卓著,竭尽阿谀奉承之能事。宣言还要求国民党政府,对张太雷、叶挺、叶剑英等于12月11日发动和领导的广州起义,在最短的时间内加以镇压;厉行清党,凡有袒护共产党的言论和行为者,按照党纪给以处治。

在这半年多的时间内,上海工商界各团体,虽然从维护自身的利益出发,作出了许多拥蒋反共的行动,力图以此求得蒋介石和国民党政府的"保护"。但是,上海工商界人士对蒋介石的不断索款行为渐生戒心,合作的热情也逐渐低落,蒋介石也对上海各工商团体的配合不甚满意,更对历来以自主活动著称的上海总商会不能放心。于是,蒋介石决心要通过强权把上海总商会乃至全国各商会完全控制在手。

取消与反取消之争

四一二政变以后,蒋介石为了强化专制统治,力图将原有自主性较强的商会改变成控制在自己手中的御用工具。他首先把目标对准了势力最大、影响最广的上海总商会。4月26日,国民党以上海总商会会长傅筱庵资助军阀孙传芳抵抗北伐为由,下令通缉傅筱庵，并指派财政部副部长钱永铭、外交部长郭泰祺、淞沪警察厅长和总商会内反傅派成员虞洽卿、王一亭、冯少山等人，强行接管总商会，负责办理改造商会事宜。但是被接管后的上海总商会并没有完全听命国民党，仍有干预政治的行为发生，为当局所不悦。

于是，国民党准备以在其指导和控制下组织起来的商民协会取代总商会，并成立上海商民协会筹备会。商民协会筹备会成立后，依仗官方势力不断向总商会发起攻击，甚至寻衅滋事，抢砸和强占总商会办事场所，逼得总商会只好迁往其他地方办公。

在打击上海总商会的同时，国民党还开始向全国的商会发起进攻。1926年的国民党第二次全国代表大会，就在有关商民运动决议案的第二条中说：对于旧式商会之为买办阶级操纵者，须用适当方法逐渐改造，一面并帮助中小商人组织商民协会。这已经开始显露出用商民协会取代商会的用意。1927年11月17日，国民党中央商人部又发出通告：旧有商会组织不良，失却领导商人之地位，现在各地商人都自动组织商民协会，以为替代，本部拟于第三次全国代表大会时提出议案，请求撤销全国旧商会，以商民协会为领导之机关。公开宣称要以商民协会取代商会，并把商民协会的商人称为"革命商人"，把商会内的商人暗指为不革命商人。

由此引发了一场以上海总商会为首的，全国商会关于商会存废问题的大辩论。11月24日，上海总商会致函上海特别市党部商人部，对国民党第二次全国代表大会决议和中央商人部通告中取消商会的理由,逐一加以辩驳。该函首先指出:以革命经过的历史而论,国内资产家与国外有资力之华侨奔走革命为党国牺牲者,具在方策,历历可数。接着又列举商会领导商人进行外争国权、内改弊政、支持革命的历史事实,辩驳决议和通告所谓的商会被买办操纵,已失却领导商人之地位的论调。同时,又通电已被国民党占领省份的各商会,定于12月15日在上海召开各省商会联合大会,讨论商会存废问题,以图商人的真正意志得以有所表示,准备联合全国商会,共同抵制国民党撤销商会的主张,以求维护商会的原有法定地位。

12月中旬,各省商会代表大会如期在上海举行,到会的有江苏、浙江、福建、江西、安徽、湖北、湖南、广东、河南、四川10省的87个商会,144名代表。对于这次有关商会存亡的会议,全国各商会都非常重视,国民党方面也对此颇为关注。在会议开幕的那天,蒋介石和国民党中央执行委员戴季陶、实业部长孔祥熙、财政次长张咏霓,以及上海特别市各部门官员都出席了开幕式。蒋介石还亲自登台演说,特别指出:商业不能脱离政治,如近年来战事不息,商业经济颇受影响,政治也不能发展,可见商业与政治之间的连带关系,希望贵会联合讨论,如有意见,可以向政府提出,政府当无不予以容纳。孔祥熙也在讲话中强调:今后,如果中国也能像战后的德国那样,政府与商人之间上下一致,则必能取得可观的进步。他们的讲话,无非是暗示商会要与政府合作,服从政府的需要，企图压迫商会就范。

但是会议的实际进程并不像蒋介石等国民党官员们所希望的那样。这次大会的原定议题是：全国注册局问题、机制仿造洋货待遇问题、商事法令适用问题、废除苛征杂税问题、商会存废问题等5个方面，为避嫌疑而把商会存废问题放在最后。会议开始以后，在开幕的当日，就有浙江拱宸桥商会代表朱鸿逵提出，要求改变议事日程，提前讨论商会存废问题。他言词激昂地陈述了3条理由："（1）商会本身问题不解决，何能议决各案；（2）多数商人均盼望此问题有所解决，如今不先开议，必使多数商人失望；（3）我们商人遇事不争，夫不争诚为美德，但现在环境，非奋斗到底实不足以图存。按照上述理由，鄙人以为，此项问题须先力争。"这一提议得到全体代表一致赞同，随即当场改变议程，首先讨论商会存废问题。

提交大会的有关商会存废问题的议案共计19件，一致主张商会必须继续存在。其中主要有：《上海总商会、县商会、闸北商会提议中央党部商人部拟于第三次全国代表大会提出请求撤销全国商会之议案应即一致力争案》、《南京总商会提出商会不能撤销之理由案》、《汉口总商会提出请力争商会不应撤销案》、《苏州总商会提议商民协会不能替代商会案》、《浙江杭县拱宸桥商会代表提议各商会应该存在和即时自动改组案》、《嘉兴县商会（对此次大会议题）意见书》。这些议案都以商会以往的实际活动、作用、贡献和组织性质，逐条辩驳了国民党中央商人部欲撤销商会的说法，言词尖锐，态度坚决。

如南京总商会的议案说：中央商人部将商人分为上中下三等，是强行分裂商会作为商人全员组织的整体性，是破坏团体的毒辣手段。还讽刺说：商人部诸公如果能对这种做法细加思索和考察，就难免会哑然失笑。而且指出：党和政府的一切党务、军事和政治建设问题，其经济来源大多要依靠商会筹集，如将商会取消，则革命的经济力量不免锐减。其言下之意是，如果取消商会，工商界将不再为国民党及其政府提供财政帮助，以此向国民党及其政府暗施压力。

又如嘉兴县商会的议案表示：旧有商会不但不必撤销，而商民协会已无存在之可能。至各地商会领导商人参加国民革命及与帝国主义者努力奋斗等种种过去历史，凡属国人莫不共见共闻，所谓失却领导商人地位者，未免抹煞事实厚诬商会！这必须加以辨明。

广州总商会的议案指出：商会是人民自动团结的机关，而不是政府统治商民的场合。政府如不想与商民合作则已，如想合作，又故意将代表商民的商会废而弃之，是犹南辕而北辙也，既要实行全民革命，就不能没有商人参加，因此，党部可以裁撤商民部，党内可以不要商人，但国家不能没有代表商民的商会。究竟是商民协会还是商会更能作为真正代表商民的机关，我们商民自有辨别的能力，应由我们商民自主选择，无须政府指定。实际上，商民协会很少有真正的商人加入和同情，并不能起到领导商人的作用，只有商会才真正具有领导商人的威信和能力。这番言词，不仅重申了商会存在与否应由商人自己定夺的自主自律性格，而且以商人与政府能否合作相要挟。不仅如此，该议案还提出，鉴于以前的中华全国商会联合会已经解体，应该乘这次大会之机成立一个新的全国商会联合会，以增强商人自救的力量。

在其他方面的议案中，也有关于争取商会参与国家商政的提议。如上海总商会甚至面对强权压迫，敢于在议案中提出：所有全国税收，除关税、盐税担保内外公债外，其余捐税，宜统交商会保管。并陈述其理由说：派公债、征赋税，商人所负义务最重，如果商民不能过问捐税，则中饱无从剔除，征收何能核实。对国民党政府的征税工作和税款保管公开表示不信任，企图与国民党政府分掌国家财政。

大会还组成商会存废问题议案审查小组，对这些议案进行审议归纳，最后写出审查报告提交大会讨论通过。审查报告认为：国民党中央商人部的撤销商会理由都不能成立，商会之存在有绝对的根据，无论何人及何种机关，绝对不能动摇商会之本身，只能改善，不能撤销。并提出三点改善方案：设各省商会联合会总事务所于上海，设各省分事务所于各省政府所在地，以便联合通讯，执行本会议决各案，并得推举代表参与政府修改商事及与商事有连带之法制；把商会的领导体制由原来的会长制改为执行委员会制；会员不再仅限于男子，女子亦可参加。可见这个审查报告的结论，不仅完全否定了国民党中央商人部撤销商会的动议，而且显示了力图进一步加强商会力量，提高参政地位和扩大组织规模的意图。

这个审查报告最后由大会一致通过作为决议，一面递交国民党政府参考备案，一面自行付之实行，除了当场成立了各省商会联合会总事务所之外，各商会在散会返回后开始改变组织体制。

大会结束时，还发表了一份宣言书，其主要内容是：第一，希望商人们真正团结起来，不要被所谓的大中小商人之分所分化，以免听任宰割，听任榨取；第二，商界所最关心的劳资关系问题，迄今仍无一解决的办法，其原因在于各种条件均出于一方之要求，各种法规亦出于政府之独断；第三，希望商人积极参与政治，以符合全民政治的实际。不难看出，这则宣言的实质，一是号召全国工商界联合起来，抵制国民党政府的巧取豪夺；二是指责国民党政府平息"工潮"无方和独断专行；三是以全民政治为旗号，唤起工商界的参政意识，为实现资产阶级民主政治而努力。

这次全国商会代表大会虽然保住了商会的生存权利，但是它竟敢在蒋介石的鼻子底下公开唱对台戏，不能不引起蒋介石和国民党政府的恼怒，埋下了商会遭受强权控制的祸根。

3 沦为国民党政府的御用工具

1927年底的商会存废问题大讨论以后，国民党政府高层领导内部，对商会存废问题的政见有所分歧。国民党政府工商部觉得原有的商会组织形式对国家的经济建设事业不无可用之处，原先为取得中小工商业者支持而组织起来的商民协会已不适应形势的需要，并在1928年8月颁布了经过修订的新《商会法》和《商会法施行细则》，在法律上肯定了商会的存在地位，只不过对旧商会进行一些改造而已，可以说是基本上接受了各省商会代表大会的意见。

但是，国民党中央商人部益发主张撤销旧商会，以商民协会取而代之，并在1929年3月举行的国民党第三次全国代表大会上再次向商会发难。上海国民党党部代表陈德正、潘公展，向会议提出了《请解散各级商会以统一商民组织》的议案。议案中说：商会过去之历史，完全由商棍操纵把持，运用其地位勾结帝国主义军阀，危害党国。在此之前，全国商会联合会在决定民主推选主任委员时，曾对上海市党部的警告，提出过"商会是否应受党部管辖？全国商会联合会是否应受上海特别市党部警告"的诘问，现在也被市党部作为依据，指控商会反抗党国，逆迹昭著，应予解散。同时还指使上海市商民协会组织请愿团，赴南京要求国民党政府解散商会。

面对上海市党部和商民协会的联合进攻，上海总商会及各工商团体纷起反击，30余个团体在上海总商会议事厅召开联席会议，又一次掀起了商会存废问题的大讨论。总商会会董虞洽卿在会上慷慨陈词，说：商人现在处于危难的地位，应该有互相求助的决心。商人在社会上有良好的成绩，对革命更有极大的帮助，而国民党第三次代表大会竟然有人提议要取消商会，这实在是太忘旧了。与会者也纷纷发言，表示"誓必竭力奋斗"，维持商会之应有地位。会议一致决议致电国民党第三次代表大会主席团，要求体察商人情形，维持商会；同时推派虞洽卿等人赴南京请愿，向国民党政府提交《全国商会请愿书》。请愿书力陈商会不应撤销的理由说：商会为实际革命之团体，并非土豪劣绅和买办的组织，更是全国内外商民的正当组织。无论就革命功绩还是革命能力而言，商民协会根本不能与商会相比。商会系商民信仰所在，一旦取消而引起社会动乱，政治和经济问题就会成为政府忧虑之事，到时再想要恢复恐非容易之事，难免悔之晚矣。

在上海总商会及其下属团体的联合力争之下，市党部未能顺利达到以商民协会取代商会的企图，但是并不就此罢休，紧接着又导演了一幕砸抢上海总商会的丑剧。1929年4月22日和24日，一个名为"全国救国会"的组织和商民协会一起先后两次冲进总商会会所，大打出手，捣毁器物。事后为掩盖丑闻，那些打手们伪装受伤住进医院，企图栽赃总商会，还阻止上海各报刊登总商会所拍的现场照片，力图封锁消息。事实上当时上海总商会已搬往他处办公，原会所内根本没有商会人员，完全不可能发生商会人员打伤商民协会等人的事情。不仅如此，国民党上海市当局还坚持要对上海总商会进行制裁，在5月1日举行的第17次执委会常委会上，作出了呈请国民党中央解散总商会并通缉总商会负责人冯少山的决议。

5月2日，国民党中央第7次常务会议决定，指派虞洽卿等34人组成上海市商人团体整理委员会（以下简称商整会），同时命令上海市商民协会、上海总商会、上海县商会（即南市商会）和闸北商会一律停止活动，接受整理。

23日，国民党中央第14次常会通过并颁布了《上海特别市商人团体整理委员会组织大纲》，对商整会的职权范围等问题作了如下规定：登记旧日上海商民协会、上海总商会、闸北商会、县商会之会员；草拟统一团体之章程；筹备统一团体之一切组织程序。25日，上海市商整会正式成立，立即着手开展商人团体整理工作。商整会虽由原总商会、县商会、闸北商会的6名代表和商民协会的1名代表为常委，但他们的工作完全处于国民党中央和上海市党部的严密指导和监督之下，并明文规定："应将工作情形每月呈报中央及当地高级党部、主管行政一次。"接着国民党上海市党部又颁布了上海商会改组条例，规定新商会必须"服从当地国民党的指示和命令，并受当地执政机构管辖"。1930年6月21日，完全按照国民党政府的旨意改选后的上海市商会终于宣告成立。

在对上海总商会进行整理的同时，国民党政府也对全国的商会展开了全面的整理。在1929年，当上海的商民协会向总商会发起攻击的时候，其他地方也发生了商民协会与商会冲突的事件。如北京的商民协会要求国民党中央命令北京军警当局解散北京总商会；济南的商民协会指控济南商会依附军阀反对革命，致使商会会长遭公安局逮捕。1930年6月，国民党中央通过了3项各地商人团体改组办法，规定浙江、广州、上海三地由中央指派设立商人团体指导改组机关；广东、广西、江苏、安徽、湖北、云南、贵州、南京、汉口、青岛等省市各商人团体，由当地党部依据新定商会法和工商同业公会法指导改组。

此后，一直到1949年，商会作为一种最普遍的工商界团体组织依然存在，在维护工商界利益、促进经济发展、抵抗外国经济侵略方面仍然发挥着积极作用。但是原先那种活跃的参政活动受到抑制，民主精神受到削弱，实际已从一种以商人自治自律为主体功能的社会团体，转变成为国民党政府统治工商界的御用工具。

参考书目

1. 虞和平著《商会与中国早期现代化》,上海人民出版社,1993。
2. 徐鼎新著《上海总商会史》,上海社会科学院出版社,1991。
3. 天津市档案馆、天津市社会科学院历史研究所编《天津商会档案汇编》(1903~1911)、(1912~1928),天津人民出版社,1989、1993。
4. 章开沅主编《苏州商会档案丛编》第1辑(1905~1911),华中师范大学出版社,1991。
5. 《华商联合报》(1909.3~1910.1)。
6. 《华商联合会报》(1910.2~1910.6)。
7. 《中华全国商会联合会会报》(1913.10~1917.4)。
8. 《上海总商会月报》(1921.7~1927.12)。
9. 《各省商会联合会特刊》,1928。
10. 胡纪常著《国际商会概论》,商务印书馆,1931。

《中国史话》总目录

系列名	序号	书　名	作　者
物质文明系列（10种）	1	农业科技史话	李根蟠
	2	水利史话	郭松义
	3	蚕桑丝绸史话	刘克祥
	4	棉麻纺织史话	刘克祥
	5	火器史话	王育成
	6	造纸史话	张大伟　曹江红
	7	印刷史话	罗仲辉
	8	矿冶史话	唐际根
	9	医学史话	朱建平　黄　健
	10	计量史话	关增建
物化历史系列（28种）	11	长江史话	卫家雄　华林甫
	12	黄河史话	辛德勇
	13	运河史话	付崇兰
	14	长城史话	叶小燕
	15	城市史话	付崇兰
	16	七大古都史话	李遇春　陈良伟
	17	民居建筑史话	白云翔
	18	宫殿建筑史话	杨鸿勋
	19	故宫史话	姜舜源
	20	园林史话	杨鸿勋
	21	圆明园史话	吴伯娅
	22	石窟寺史话	常　青
	23	古塔史话	刘祚臣
	24	寺观史话	陈可畏
	25	陵寝史话	刘庆柱　李毓芳
	26	敦煌史话	杨宝玉
	27	孔庙史话	曲英杰
	28	甲骨文史话	张利军
	29	金文史话	杜　勇　周宝宏

162

系列名	序号	书名	作者	
物化历史系列（28种）	30	石器史话	李宗山	
	31	石刻史话	赵　超	
	32	古玉史话	卢兆荫	
	33	青铜器史话	曹淑芹	殷玮璋
	34	简牍史话	王子今	赵宠亮
	35	陶瓷史话	谢端琚	马文宽
	36	玻璃器史话	安家瑶	
	37	家具史话	李宗山	
	38	文房四宝史话	李雪梅	安久亮
制度、名物与史事沿革系列（20种）	39	中国早期国家史话	王　和	
	40	中华民族史话	陈琳国	陈　群
	41	官制史话	谢保成	
	42	宰相史话	刘晖春	
	43	监察史话	王　正	
	44	科举史话	李尚英	
	45	状元史话	宋元强	
	46	学校史话	樊克政	
	47	书院史话	樊克政	
	48	赋役制度史话	徐东升	
	49	军制史话	刘昭祥	王晓卫
	50	兵器史话	杨　毅	杨　泓
	51	名战史话	黄朴民	
	52	屯田史话	张印栋	
	53	商业史话	吴　慧	
	54	货币史话	刘精诚	李祖德
	55	宫廷政治史话	任士英	
	56	变法史话	王子今	
	57	和亲史话	宋　超	
	58	海疆开发史话	安　京	

系列名	序号	书名	作者
交通与交流系列（13种）	59	丝绸之路史话	孟凡人
	60	海上丝路史话	杜 瑜
	61	漕运史话	江太新 苏金玉
	62	驿道史话	王子今
	63	旅行史话	黄石林
	64	航海史话	王 杰 李宝民 王 莉
	65	交通工具史话	郑若葵
	66	中西交流史话	张国刚
	67	满汉文化交流史话	定宜庄
	68	汉藏文化交流史话	刘 忠
	69	蒙藏文化交流史话	丁守璞 杨恩洪
	70	中日文化交流史话	冯佐哲
	71	中国阿拉伯文化交流史话	宋 岘
思想学术系列（21种）	72	文明起源史话	杜金鹏 焦天龙
	73	汉字史话	郭小武
	74	天文学史话	冯 时
	75	地理学史话	杜 瑜
	76	儒家史话	孙开泰
	77	法家史话	孙开泰
	78	兵家史话	王晓卫
	79	玄学史话	张齐明
	80	道教史话	王 卡
	81	佛教史话	魏道儒
	82	中国基督教史话	王美秀
	83	民间信仰史话	侯 杰
	84	训诂学史话	周信炎
	85	帛书史话	陈松长
	86	四书五经史话	黄鸿春

系列名	序号	书名	作者
思想学术系列（21种）	87	史学史话	谢保成
	88	哲学史话	谷 方
	89	方志史话	卫家雄
	90	考古学史话	朱乃诚
	91	物理学史话	王 冰
	92	地图史话	朱玲玲
文学艺术系列（8种）	93	书法史话	朱守道
	94	绘画史话	李福顺
	95	诗歌史话	陶文鹏
	96	散文史话	郑永晓
	97	音韵史话	张惠英
	98	戏曲史话	王卫民
	99	小说史话	周中明　吴家荣
	100	杂技史话	崔乐泉
社会风俗系列（13种）	101	宗族史话	冯尔康　阎爱民
	102	家庭史话	张国刚
	103	婚姻史话	张 涛　项永琴
	104	礼俗史话	王贵民
	105	节俗史话	韩养民　郭兴文
	106	饮食史话	王仁湘
	107	饮茶史话	王仁湘　杨焕新
	108	饮酒史话	袁立泽
	109	服饰史话	赵连赏
	110	体育史话	崔乐泉
	111	养生史话	罗时铭
	112	收藏史话	李雪梅
	113	丧葬史话	张捷夫

系列名	序号	书名	作者	
近代政治史系列（28种）	114	鸦片战争史话	朱谐汉	
	115	太平天国史话	张远鹏	
	116	洋务运动史话	丁贤俊	
	117	甲午战争史话	寇 伟	
	118	戊戌维新运动史话	刘悦斌	
	119	义和团史话	卞修跃	
	120	辛亥革命史话	张海鹏	邓红洲
	121	五四运动史话	常丕军	
	122	北洋政府史话	潘 荣	魏又行
	123	国民政府史话	郑则民	
	124	十年内战史话	贾 维	
	125	中华苏维埃史话	温 锐	刘 强
	126	西安事变史话	李义彬	
	127	抗日战争史话	荣维木	
	128	陕甘宁边区政府史话	刘东社	刘全娥
	129	解放战争史话	汪朝光	
	130	革命根据地史话	马洪武	王明生
	131	中国人民解放军史话	荣维木	
	132	宪政史话	徐辉琪	傅建成
	133	工人运动史话	唐玉良	高爱娣
	134	农民运动史话	方之光	龚 云
	135	青年运动史话	郭贵儒	
	136	妇女运动史话	刘 红	刘光永
	137	土地改革史话	董志凯	陈廷煊
	138	买办史话	潘君祥	顾柏荣
	139	四大家族史话	江绍贞	
	140	汪伪政权史话	闻少华	
	141	伪满洲国史话	齐福霖	

系列名	序号	书名	作者
近代经济生活系列（17种）	142	人口史话	姜涛
	143	禁烟史话	王宏斌
	144	海关史话	陈霞飞 蔡渭洲
	145	铁路史话	龚云
	146	矿业史话	纪辛
	147	航运史话	张后铨
	148	邮政史话	修晓波
	149	金融史话	陈争平
	150	通货膨胀史话	郑起东
	151	外债史话	陈争平
	152	商会史话	虞和平
	153	农业改进史话	章楷
	154	民族工业发展史话	徐建生
	155	灾荒史话	刘仰东 夏明方
	156	流民史话	池子华
	157	秘密社会史话	刘才赋
	158	旗人史话	刘小萌
近代中外关系系列（13种）	159	西洋器物传入中国史话	隋元芬
	160	中外不平等条约史话	李育民
	161	开埠史话	杜语
	162	教案史话	夏春涛
	163	中英关系史话	孙庆
	164	中法关系史话	葛夫平
	165	中德关系史话	杜继东
	166	中日关系史话	王建朗
	167	中美关系史话	陶文钊
	168	中俄关系史话	薛衔天
	169	中苏关系史话	黄纪莲
	170	华侨史话	陈民 任贵祥
	171	华工史话	董丛林

系列名	序号	书名	作者
近代精神文化系列（18种）	172	政治思想史话	朱志敏
	173	伦理道德史话	马　勇
	174	启蒙思潮史话	彭平一
	175	三民主义史话	贺　渊
	176	社会主义思潮史话	张　武　张艳国　喻承久
	177	无政府主义思潮史话	汤庭芬
	178	教育史话	朱从兵
	179	大学史话	金以林
	180	留学史话	刘志强　张学继
	181	法制史话	李　力
	182	报刊史话	李仲明
	183	出版史话	刘俐娜
	184	科学技术史话	姜　超
	185	翻译史话	王晓丹
	186	美术史话	龚产兴
	187	音乐史话	梁茂春
	188	电影史话	孙立峰
	189	话剧史话	梁淑安
近代区域文化系列（一种）	190	北京史话	果鸿孝
	191	上海史话	马学强　宋钻友
	192	天津史话	罗澍伟
	193	广州史话	张　磊　张　苹
	194	武汉史话	皮明庥　郑自来
	195	重庆史话	隗瀛涛　沈松平
	196	新疆史话	王建民
	197	西藏史话	徐志民
	198	香港史话	刘蜀永
	199	澳门史话	邓开颂　陆晓敏　杨仁飞
	200	台湾史话	程朝云

《中国史话》主要编辑出版发行人

总 策 划	谢寿光	王　正	
执行策划	杨　群	徐思彦	宋月华
	梁艳玲	刘晖春	张国春
统　　筹	黄　丹	宋淑洁	
设计总监	孙元明		
市场推广	蔡继辉	刘德顺	李丽丽
责任印制	郭　妍	岳　阳	